AF464554

VARIÉTÉS SINOLOGIQUES N° 33.

TOMBEAU DES LIANG,

FAMILLE SIAO

Ière PARTIE

SIAO CHOEN-TCHE

PAR

LE P. MATHIAS TCHANG. S.J.

CHANG-HAI

IMPRIMERIE DE LA MISSION CATHOLIQUE

ORPHELINAT DE T'OU-SÈ-WÈ.

1912.

VARIÉTÉS SINOLOGIQUES N° 33.

TOMBEAU DES LIANG,

FAMILLE SIAO

Ière PARTIE

SIAO CHOEN-TCHE

PAR

LE P. MATHIAS TCHANG. S.J.

CHANG-HAI

IMPRIMERIE DE LA MISSION CATHOLIQUE

ORPHELINAT DE T'OU-SÈ-WÈ.

1912.

I

PRÉFACE.

C'est sous l'impulsion du Révérend Père HAVRET *que ces études ont été commencées il y a plus de* 10 *ans. Nous pensons donc faire un acte de justice et de respectueuse reconnaissance en inscrivant son nom en tête de ces pages.*

Quand il poussait ainsi aux études archéologiques, il entendait apporter son appoint dans ce mouvement qui depuis a pris une si belle extension, et qui a pour but de contrôler les données, heureusement nombreuses, mais parfois si discutées, de l'histoire chinoise, par des monuments réels, matériels, indiscutables.

C'est ce même courant d'idées, qui, gagnant du terrain d'année en année, portait encore ces derniers temps, Européens, et Chinois à faire effort pour la conservation des divers monuments. L'Echo de Chine du jeudi, 18 *mars* 1909, *a parlé du "Comité des monuments en Chine",* (1) *dont le programme se présentait au public avec la signature de plusieurs membres du*

---

(1) Voici l'affiche qu'on trouvait sur le vagon du chemin de fer, ligne *Nankin Changhai* et qui est gravé sur la pierre devant le tombeau des *Ming* de *Nankin*.

Monuments en Chine. Les personnes visitant les tombeaux, temples, pagodes et tous les autres monuments et batiments en Chine sont invités à n'y commettre aucun acte de vendalisme. Les autorités Chinoises ont donné des instructions pour empêcher à l'avenir des actes de cette nature. Tous les visiteurs étrangers sont priés de signaler les infractions à cet avertissement à la société des monuments en Chine qui usera de toute son influence pour provoquer la punition des individus, qui dégradent, mutilent ou détruisent volontairement, ou font dégrader, mutiler, ou détruire les antiquités, sculptures, batiments, monuments etc. en Chine.

China monuments commettee (Péking).

corps diplomatique (2). *Les chinois n'ont pas voulu rester en arrière. Le vice-roi des deux* Kiang 兩江, Toan-fang 端方, *qui est lui-même archéologue très érudit et grand collectionneur, a donné l'ordre de relever les monuments des environs de* Nankin. *De même* Tsen Yun 增韞, fou-t'ai *du* Tché-kiang 浙江, *a écrit, au préfet de* Hang-tcheou 杭州, *en vue de la conservation des paysages et monuments du* Si hou 西湖, *une lettre que le* Chen pao 申報 *a reproduite* (3). *Depuis lors, bien des documents officiels ont paru dans le même sens.*

Nous sommes bien reconnaissants envers les RR. PP. Charles Baumert et Pierre Guimbretière qui ont voulu bien collaborer à nos petits travaux.

Nous aurions voulu livrer plus tôt à l'impression le résultat des recherches. Mais maintes fois il nous a fallu laisser là notre travail pour aller à des occupations plus urgentes de la vie apostolique. Enfin nous avons pu achever cette première partie, et nous souhaitons que le lecteur trouve quelque intérêt à ces souverains de la dynastie des Liang, *dont l'avènement fut si irresistible, la gloire si brillante, et le déclin si rapide.*

Zi-ka-wei le 25 Décembre 1911.

MATHIAS TCHANG S.J.

---

(2) Monsieur Bapst, ministre de France, a voulu que le pays qu'il représentait eût son rôle dans cette entreprise artistique. Avec lui ont signé Sir John Jordan, MM. J. Korostovetz, H. Huin, L. di Giura, W. J. Oudendijk, enfin M. E. G. Hillier comme trésorier honoraire, et Mr. Frederick, Mr Cormick, comme secrétaire.

(3) N° du 27 mars 1909. (Siuen-t'ong 1er année, 2e lune intercalaire 6.

TABLE DES MATIÈRES.

LISTE DES GRAVURES.

LISTE DES OUVRAGES ARCHÉOLOGIQUES CONSULTÉS.

***Chan-**yeou che-k'o ts'ong-pien* 山右石刻叢編 par *Hou P'ing-tche* 胡聘之, en 40 *kiuen*, édition de 1898. "Collection classique des monuments en pierre du *Chan-si*".

Che-king k'ao-i 石經考異 par *Hang Che-tsiun* 杭世駿 en 2 *kiuen*, manuscrit datant de 1862. "Recherches sur les variantes des livres classiques lapidaires".

Che-kou t'i-yong hoei-ts'uen 石鼓題詠彙存 par *Tcheou Pé-wen* 周伯温 en 2 *kiuen*, éd. en 1852. "Pièces poétiques collectionnées célébrant les tambours en pierre".

Che-hou t'i-yong hoei-ts'uen 石鼓題詠彙存 par *Yé Tche-sien* 葉志洗 en 4 volumes éd. en 1853.

Che-mé tsiuen-hoa 石墨鐫華 par *Tchao Han* des *Ming* 趙崡 en 6 k. éd. en 1878. "Gravures illustres des coups d'encre sur des pierres monumentales", contenues dans le *Hio-kou-tsai kin-che ts'ong-chou* 學古齋金石叢書.

Chen-tcheou kouo-koang tsi 神州國光集 "Revues des monuments en Chine, publiées déjà en 19 volumes 1909-1911".

***Hai-**tong kin-che yuen* 海東金石苑 par *Lieou Yen-ting* 劉燕庭 en 4 vol. éd. en 1881. "Jardin des métaux et des pierres de la mer orientale (Japon)".

Han-che lié 漢石例 par *Lieou Pao-nan* 劉寶楠 en 6 k. éd. en 1885. "Réglements sur les pierres monumentales des *Han*".

Han Yen-hi Si-yo Hoa-chan pei k'ao 漢延熹西嶽華山碑考 par *Yuen Yuen* 阮元, manuscrit datant de 1862. "Recherches sur la stèle de la montagne *Hoa-chan*, datée de l'époque de *Yen-hi* (158-167)".

Hoan-yu fang-pei lou 寰宇訪碑錄 par *Suen Sin-yen* 孫星衍 et *Hin Chou* 邢澍 en 12 k. éd. en 1885. "Liste des stèles à chercher du monde entier".

***Keng-**tse Siao-hia ki* 庚子銷夏記 *Suen Tch'eng-tche* 孫承澤 en 8 k. rééd. en 1878. "Notes sur les vacances d'été de l'an 1840" contenues dans le *Hio-kou-tsai kin-che-ts'ong-chou* 學古齋金石叢書.

Kin-che che 金石史 par *Kouo Tsong-tch'ang* 郭宗昌 en 2 k. rééd. en 1878. "Histoire des métaux et des pierres" contenue dans le *Hio-kou-tsai kin-che ts'ong-chou* 學古齋金石叢書.

Kin-che k'i 金石契 par *Tchang Yen-tch'ang* 張燕昌 en 8 vol. rééd. en 1894. "Petites pièces sur les monuments en métaux et en pierres".

Kin-che kou-wen 金石古文 par *Yang Cheng* 楊愼 des *Ming*, en 14 k. édit. en 1882. "Littératures anciennes trouvées sur les métaux et les pierres".

Kin-che lié 金石例 par *P'an Ngang-siao* 潘昻霄 des *Yuen*, en 10 k. rééd. en 1878. "Réglements sur les monuments en métaux et en pierres".

Kin-che lié pou 金石例補 par *Kouo Lin* 郭麐 en 2 k. éd. en 1875. "Supplément du *Kin-che lié*".

Kin-che lin Che-ti k'ao 金石林時地考 par *Tchao Kiun* 趙均 des *Ming*, en 2 k. contenu dans le *Yué-ya t'ang ts'ong-chou* 粤雅堂叢書 éd. en 1853.

Kin-che lio 金石畧 par *Tcheng Ts'iao* 鄭樵 des *Song*, contenu dans le *Tong-tche* 通志 éd. en 1859. "Quelques mots sur les monuments en métaux et en pierres".

Kin-che lou 金石錄 par *Tchao Ming-tch'eng* 趙明誠 des *Song*, en 30 k. rééd. en 1887. "Liste des monuments en métaux et en pierres.

Kin-che si 金石屑 par *P'ao Tch'ang* 鮑昌 en 4 volumes éd. en 1876. "Petits morceaux sur les métaux et les pierres"

Kin-che siao-tsien 金石小箋 par *Yé I-p'ao* 葉弈苞 en 1 k. éd. en 1833. "Petites notes sur les métaux et les pierres" contenues dans le *Tchao-tai ts'ong-chou* 昭代叢書.

Kin-che siu-lou 金石續錄 par *Lieou Ts'ing-li* 劉青藜 en 4 k. éd. en 1878. "Suite du *Kin-che lou*".

Kin-che siu-pien 金石續編 par *Lou Yao-yué* 陸耀遹 en 21 k. éd. en 1874. "Suite du *Kin-che ts'oei-pien*".

Kin-che souo 金石索 par *Fong Yung-p'ang* et *Fong Yun-yuen* 馮雲鵬,馮雲鵷 en six grands volumes magnifiques éd. en 1821. "Réduction des monuments en métaux et en pierres".

Kin-che Tch'eng-lié 金石稱例 par *Liang T'ing-nan* 梁廷枏 en 4 k. avec 1 k. de la suite du même ouvrage éd. en 1885. "Réglements fixés sur les monuments en métaux et en pierres".

Kin-che ting-lié 金石訂例 par *P'ao Tcheng-fang* et *Fang Kou-hio* 鮑振芳,方谷學 en 4 k., éd. en 1884. "Fixité sur les réglements des monuments en métaux et en pierres".

Kin-che t'ou-chouo 金石圖說 par *Nieou Yun-tchen* 牛運震 en 4 grands volumes, éd. en 1743. "Notices et reproductions des monuments en métaux et en pierres.

Kin-che ts'oei-pien 金石萃編 par *Wang Tch'ang* 王昶 en 160 k. éd. en 1805. "Classement encyclopédique des monuments en métaux et en pierres".

Kin-che ts'oei-pien pou-tcheng 金石萃編補正 par *Fang Yen-wen* 方彥聞 en 4 k. éd. en 1894. "Corrections supplémentaires du *Kin-che ts'oei-pien*".

Kin-che tsiu 金石聚 par *Tchang Té-yong* 張德容 en 16 vol. éd. en 1872. "Collection des monuments en métaux et en pierres".

Kin-che ts'uen 金石存 par *Ou Wang-tsin* 吳王搢 en 15 k. manuscrit en 1862. "Restes des monuments en métaux et en pierres". Item une autre édition en 14 k. contenue dans la collection du *Han-hai* 函海.

Kin-che wen-tch'ao 金石文鈔 par *Tchao Chao-tsou* 趙紹祖 en 8 k. éd. en 1802. "Textes copiés des monuments en métaux et en pierres".

Kin-che wen-tse k'ao-i 金石文字考異 par *Hin Chou* 邢澍 en 12 k. éd. en 1809. "Recherches sur les variantes des textes des monuments en métaux et en pierres".

Kin-che wen-tse ki 金石文字記 par *Kou Yen-ou* 顧炎武 en 6 vol. manuscrit en 1862. "Notices sur les caractères trouvés sur les monuments en métaux et en pierres".

Kin-che wen-tse mou-lou 金石文字目錄 par *Ts'ien Ta-hin* 錢大昕 en 8 k. éd. vers 1848 dans la collection des écrits de *Ts'ien Ta-hin* 潛研堂全書 *(Ts'iuen-yen-t'ang ts'ien-chou)*. "Liste des caractères trouvés sur les monuments en métaux et en pierres".

Kin-che tsong-lié 金石綜例 par *Fong Teng-fou* 馮登府 en 4 k. éd. en 1887. "Réglements collectionnés sur les monuments en métaux et en pierres".

Kin-che yao-lié 金石要例 par *Hoang Tsong-hi* 黃宗羲 en 1 k. accompagné d'un k. de postface 跋, éd. en 1878. "Réglements nécessaires sur les monuments en métaux et en pierres".

Kin-che yuen 金石苑 par *Lieou Hi-hai* 劉喜海 en 1 k. éd. en 1873. "Jardin des monuments Coréens en métaux et en pierres".

Kin-che Yun-fou 金石韻府 par *Tchang Fong-tchao* 張鳳藻 en 6 volumes, éd. en 1670. "Dictionnaire des caractères en ancienne forme trouvés sur les monuments en métaux et en pierres, classé d'après l'ordre des rimes".

Kin-hiai Lin-lang 金薤琳琅 par *Ming Tou-mou* 明都穆, en 20 k. rééd. vers 1890, contenues dans le *Hio-kou tsai kin-che ts'ong-chou* 學古齋金石叢書.

K'in-ting Si-ts'ing kou-kien 欽定西淸古鑑 par un grand nombre des mandarins réunis sous l'ordre de l'empereur *K'ien-long*, en 40 k. rééd. en 1908. "Anciens spécimens des objets d'antiquité du palais occidental des *Ts'ing*".

King-k'i kin-che k'ao 京畿金石考 par *Suen Sin-yen* 孫星衍 en 2. k. manuscrit de 1862. "Recherches sur les monuments en métaux et en pierres aux environs de *Pékin*".

Kin-kiao pei-wen ki-che k'ao-tcheng 景敎碑文紀事考正 par *Yang Yong* 楊榮 en 3. k. éd. en 1895. "Rectification historique sur les textes de la stèle Nestorienne de *Si-ngan fou*".

Koan-tchong kin-che ki 關中金石記 par *Pi Yuen* 畢沅 en 8 k. manuscrit de 1862. "Notes sur les monuments en métaux et en pierres du *Chen-si*".

Koan-tchong kin-che wen-tse ts'uen-i k'ao 關中金石文字存逸考 par *Mao Fong-tche* 毛鳳枝 en 12 k. éd. en 1901. "Recherches sur l'état actuel des monuments en métaux et en pierres pour leur conservation ou leur disparition dans le *Chen-si*".

Kou-k'o ts'ong-tch'ao 古刻叢鈔 par *T'ao Tsong-i* 陶宗儀 des *Ming*, en 1 k. rééd. en 1883. "Copies multiples des anciens textes gravés".

Kou-lieou che-i 古籀拾遺 par *Suen I-jang* 孫詒讓 en 3 k. éd. en 1888. "Quelques anciens caractères ramassés et conservés".

Kou-ts'ien hoei 古泉匯 par *Li Tsouo-hien* 李佐賢 éd. en 1862. "Grande collection des anciennes monnaies".

Liang Han Kin-che ki 兩漢金石記 par *Wong Fang-kang* 翁方綱 en 22 k. éd. en 1789. "Notes sur les monuments en métaux et en pierres des deux *Han*".

Liang Tché Kin-che tche 兩浙金石志 par *Yuen Yuen* 阮元 en 18 k. éd. en 1890. "Catalogue des monuments en métaux et en pierres du *Tché-kiang*".

Luen ts'ien si-kiu 論泉絕句 par *Lieou Hi-hai* 劉喜海 en 2 k. éd. en 1855. "Quelques pièces de poësie courte sur les monnaies".

Mé-miao t'ing pei-mou k'ao 墨妙亭碑目攷 par *Tchang Kien* 張鑑 en 2 k. éd. en 1884. "Recherches sur la liste des stèles conservées dans le kiosque des merveilles d'encre".

Mou-ming tsoan-lié 墓銘纂例 par *Li Fou-suen* 李富孫 en 4 k. éd. en 1888. "Règlements collectionnés des petites notices sépulcrales".

Pao-chou t'ing kin-che wen-tse pa-wei 曝書亭金石文字跋尾 par *Tchou I-tsuen* 朱彝尊 en 6 k. rééd. en 1884. "Postfaces sur écritures des monuments en métaux et en pierres du kiosque à faire sécher des livres au soleil".

Pei-pan koang-lié 碑版廣例 par *Wang K'i-suen* 王芑孫 en 10 k. éd. en 1878 "Règlements augmentés des pierres monumentales".

P'ing-tsin tou-pei ki 平津館讀碑記, accompagné d'un k. de supplément de ce même ouvrage par *Hong Yen-hiuen* 洪頤煊, éd. en 1886. "Notes sur les stèles lues par *P'ing-tsin-koan* (titre de la salle que portait *Hong Yen-hiuen*).

Pou Hoan-yu fang-pei lou 補寰宇訪碑錄 par *Tchao Tche-k'ien* 趙之謙 en 5 k. éd. en 1886. "Supplément du *Hoan-yu fang-pei lou*".

Si Chang-kong Tchong-ting i-k'i k'oan-tche 薛尙功鐘鼎彝器欵識 en 20 k. éd. 1797. "Notices et reproductions des écritures ou dessins trouvés sur des cloches, trépieds et anciens vases par *Si Chang-kong*.

Si-Ts'ing siu-kien 西清續鑑 par *Ou Tsen-k'i* 吳增祺 en 20 k. suivi d'un k. de supplément rééd. en 1910. "Suite du *K'in-ting Si-ts'ing kou kien*".

Siu-k'o Kin-che san-lié 續刻金石三例 par *Lieou Pao-nan* 劉寶楠 en 6 k. 1886. "Suite des trois réglements sur les monuments en métaux et en pierres".

T'ang *Che-tchou t'i-ming k'ao* 唐柱題名考 par *Tch'en Kieou-yen* 陳九言 en 26 k. éd. en 1886. "Etudes sur les noms des personnages gravés sur les colonnes lapidaires datées des *T'ang*".

T'ang King-kiao pei-song tcheng-ts'ien 唐景教碑頌正詮 en 1 k. par le P. Emm. Diaz S. J. éd. en 1644. "Commentaires sur la stèle chrétienne de *Si-ngan fou*".

T'ang Tchao-ling che-tsi k'ao-lio 唐昭陵石蹟考略 par *Lin T'ong-jen* 林同人 en 5. k. éd. en 1891. "Petites recherches sur les monuments lapidaires actuellement trouvés aux tombeaux impériaux *Tchao-ling* de l'Empereur *T'ang T'ai-tsong* (627-649) au *Ho-nan*".

T'ang Tchao-ling Lou-tsiuen tsan-pien 唐昭陵六駿贊辨 par *Tchang T'ao* 張弨 en 1 k. manuscrit de 1862. "Réfutation sur les pièces de poésie célébrant les six chevaux guerriers placés aux tombeaux *Tchao-ling* de l'Empereur *T'ang T'ai-tsong*".

T'ao-tsai ts'ang che ki 陶齋藏石記 par *Toan Fang* 端方 en 12 vol. éd. en 1909. "Notes sur des pierres monumentales de M^r^ *T'ao-tsai*".

Tche-ming Koang-lié 志銘廣例 par *Liang Yu-choen* 梁玉繩 en 2 k. éd. en 1877. "Réglements augmentés sur les petites notices sépulcrales".

Tche-siao pien 識小編 par *Tong Fong-heng* 董豐恒 en 2. k. éd. vers 1867 contenu dans le *Hio-kou tsai Kin-che ts'ong-chou* 學古齋金石叢書.

Tchong-tcheou Kin-che ki 中州金石記 par *Pi Yuen* 畢沅 en 5 k. éd. vers 1790 "Notes sur les monuments en métaux et en pierres au *Ho-nan*".

Tchong-tcheou Kin-che mou-lou 中州金石目錄 par *Yang To* 楊鐸 en 8 k. éd. en 1867. "Index des inscriptions en métaux et en pierres au *Ho-nan*".

Tien-nan Kou kin-che lou 滇南古金石錄 par *Yuen Fou* 阮福 (fils de *Yuen Yuen*) en 1 vol. manuscrits en 1862. "Catalogue des monuments anciens en métaux et en pierres au *Yun-nan*".

T'ing-lin che-king k'ao 亭林石經考 par *Kou Yen-ou* 顧炎武 en 1 volume, manuscrit en 1862. "Etudes sur les livres classiques lapidaires".

T'ing-lin wen tsi 亭林文集 par *Kou Yen-ou* en 6 vol. éd. en 1888. "Ecrits de *Kou T'ing-lin*",

Tong-ngeou Kin-che tche 東甌金石志 par *Tai Ngao-fong* 戴鼇峯 en 10 k. éd. en 1876. "Notes sur les monuments en métaux et en pierres du Japon".

Tsen koa-tsang Kin-che tche 增括蒼金石志 par *Li Yu-suen* 李遇孫 en 12 k. éd. en1874. "Augmentation du *koa-ts'ang kin-che tche*".

Tsi-kou tsai Tchong-ling i-k'i k'oan-tche 積古齋鐘鼎彝器欵識 par *Yuen Yuen* 阮元 en 10 k. éd. en 1804. "Notices sur les caractères ou dessins trouvés sur les cloches, trépieds, vases anciens".

Tsi-tcheou hio pei che-wen 濟州學碑釋文 par *Tchang T'ao* en 1 volume, manuscrit en 1862. "Explication sur les textes de la stèle conservée dans le temple de Confucius de *Tsi-ning tcheou* du *Chan-tong*".

Tsi-tcheou Kin-che tche 濟州金石志 par *Siu Tsong-kan* 徐宗幹 en 8 k. éd. en 1845. "Notes sur les monuments en métaux et en pierres de *Tsi-ning tcheou* du *Chan-tong*".

Ts'ien-pi t'ing tchoan lou 千甓亭磚錄 par *Lou Sin-yuen* 陸心源 en 1881. k. avec appendice en 3 k. édit. en 1881. "Catalogue des mille briques du kiosque de *Lou Sin-yuen*".

Ts'ien-pou t'ong-tche 泉布統誌 par *Mong Lin* 孟麟 en 9 k. éd. en 1833. "Collection des anciennes monnaies".

Ts'ien-tche 泉志 par *Hong-tsuen* 洪遵 des *Song*, en 15 k. éd. en 1874. "Catalogue des monnaies".

Ts'ien-tche sin-pien 錢志新編 par *Tchang Li-ing* 張麗瀛 en 20 k. éd. en 1854. "Nouvelle classification des monnaies".

Yen-*ho ming pien* 瘞鶴銘辨 par *Tchang T'ao* 張弨 en un vol. manuscrit en 1862. "Réfutation sur la notice de l'enterrement d'une cigogne".

Yen-ho ming t'ou k'ao 瘞鶴銘圖考 par *Wang Che-hong* 汪士鋐 en un vol. manuscrit en 1862. "Etudes accompagnées d'inscriptions sur la petite notice de l'enterrement d'une cigogne".

Yué-si Kin-che lio 粤西金石略 par *Sié K'i-k'oen* 謝啟昆 en 15 k. éd. en 1801. "Petit résumé des monuments en métaux et en pierres du *Koang-si*".

Yué-si té-pei ki 粤西得碑記 par *Yang Pé-fei* 楊伯飛 éd. en 1876. "Notes sur les stèles trouvées au *Koang-si*".

Yuen-fong Kin-che pa-wei 元豐金石跋尾 par *Tsen Kong* 曾鞏 des *Song* en un vol. rééd. en 1882. "Postface sur les monuments en métaux et en pierres daté de l'époque de *Yuen-fong* (1078-1086).

ERRATA

Page	ligne	texte	à corriger
5	2e rangée	fils de Se-ma Ya	fils Se-ma Yo
		Durée de règne	
5	4e rangée	365, 2e l.-272, 10e l.	365, 2e l.-372, 10e l.
10	2e rangée	King-si	Loan
10	9e rangée	489	498
10	2e rangée	date de la mort et de l'enterrement de l'Impératrice Chen il faut écrire m. vers 606.	
13	23	頊	頊
		Hin	Hiu
16	N.B.	fut entré	fut enterré
16	N.B.	Spéciale	Spécial
20	14	Che-kanq	Che-kang
23	29	poesic	poésie
23	34	après le mot *superstition*, il faut ajouter la phrase suivante : qui devait lui attirer à lui-même une fin malheureuse et préparer la ruine...	
24	15	ses	ces
28	en bas note (2)	de Chine	Echo de Chine
47	1	entouré plantes	entouré de plantes
48	2	entre	entre—
59	note (2)	麕,身	麕身
70	note (1)	天 祿 卽 乎	卽 天 祿 乎
72	9	Siao Kin	Siao King

CHAPITRE I.

LES SOUVERAINS QUI ONT RÉGNÉ À NANKIN.

LEURS TOMBEAUX.

La liste de ces souverains, avec les indications détaillées qu'elle contient, est bien à sa place au début de nos études sur la région de *Nankin* nécropole impériale. Nous voyons d'abord, se succédant rapidement sur le trône (222-589), les 6 dynasties 六朝 (*Ou, Tong-Tsin, Song, Ts'i, Liang, Tch'en* 吳, 東晉, 宋, 齊, 梁, 陳), bien connues dans l'histoire Chinoise (1). Il faut remarquer que la première de ces maisons régnantes, dynastie *Ou* 吳, ne fut jamais reconnue par les historiens orthodoxes comme entièrement légitime. C'est pour cette raison qu'elle n'a pas sa place dans la longue série que Zottoli donne, en tête de son 2[d] volume, de tous les souverains qui, des temps les plus reculés jusqu'à nos jours, sont supposés avoir détenu de plein droit le sceptre impérial. Mention en est faite pourtant à propos des trois royaumes 三國 (*Chou-Han* 蜀漢 légitime, *Wei* 魏 et *Ou* 吳) fameux dans l'histoire, plus fameux encore dans la légende.

Trois siècles plus tard, les *T'ang* méridionaux 南唐 rendent à Nankin quelques années de gloire.

Enfin en 1368, *Hong-Ou* 洪武 y fonde la dynastie des *Ming* 明.

---

(1). Cette classification des 6 dynasties est la plus en cours. Cf. entre autres, *Lou-tch'ao che-tsi lei-pien* 六朝事跡類編 par *Tchang Toen-i* 張敦頤, écrivain de l'époque des Song, reçu docteur en 1138 (婺源縣志, k. 20). Parfois aussi ce sont *Tong-Tsin, Song, Ts'i, Liang, Tch'en, Soei,* 梁, 東晉, 宋, 齊, 陳, 隋, (317-619) (cf. 古文釋義閱江樓記). Toute la série est alors réputée légitime. Plus rarement, les 6 dynasties sont : *Tong-Tsin, Song, Ts'i, Liang, Tch'en, Nan-T'ang* 東晉, 宋, 齊, 梁, 陳, 南唐. Cette classification, qui introduit dans les séries les *Nan-T'ang* 南唐 serait en quelque faveur auprès des Nankinois, qui ont ainsi la satisfaction d'énumérer les dynasties qui ont régné entièrement à *Nankin*. Le P. Gaillard (Var. Sin. n° 23 p. 68) en a encore mentionné une autre, les *Song, Ts'i, Liang, Tch'en, Wei, Tsin,* 宋, 齊, 梁, 陳, 魏, 晉, qui de 220 à 589 se seraient ligués pour résister aux projets ambitieux des *Ts'in* 秦 d'occident. C'est trop de fantaisie.

LISTE DES EMPEREURS QUI ONT RÉGNÉ À NANKIN,

AVEC INDICATION de l'EMPLACEMENT de LEURS TOMBEAUX.

1° Royaume **OU** 吳 (222-280), Famille **SUEN** 孫 (4 empereurs).

姓 FAMILLE	名 NOM	字 SURNOM	尊號諡號 NOM HONORIFIQUE POSTHUME	在位年數 DURÉE DE RÈGNE	生卒年月 NAISSANCE ET MORT	陵名 NOM DU TOMBEAU	陵墓在何處 EMPLACEMENT DU TOMBEAU	封葬年月 DATE DE L'ENTERREMENT
1 孫 *Suen*	權 *K'iuen*	仲謀 *Tchong-meou*	太祖大皇帝 *T'ai-tsou* *Ta houng-ti*	222-252	182-252	蔣陵 *Tsiang ling*	江甯上元鍾山之陽 A Nankin, *Chang-yuen hien* au Sud de la colline *Tchong chan* (mont St Michel). probablement sur la colline qui est au S-E du tombeau des *Ming*	7·1.,252
	步夫人 *Pou fou-jen* Sa femme		皇后 *Hoang heou*		238	it.	it.	it.
	潘夫人 *P'an fou-jen* Sa concubine				252	it.	it.	it.
	王皇后 *Wang hoang heou* Sa mère		敬懷皇后 *King-hoai hoang heou*		vers 250	敬陵 *King ling*	?	?
2 孫 *Suen*	亮 *Liang* fils de *Suen-k'iuen*	子明 *Tse-ming*	Sans nom posthume. Connu sous le nom de Marquis de *Heou-koan* 侯官侯	252-258	241-258		在丹陽頓鄉 A *Toen-hiang* de *Tan-yang* non identifié	vers 258

Iº Royaume **OU** 吳 (222-280), Famille **SUEN** 孫 (4 empereurs), (suite).

姓 FAMILLE	名 NOM	字 SURNOM	尊號諡號 NOM HONORIFIQUE POSTHUME	在位年數 DURÉE DE RÈGNE	生卒年月 NAISSANCE ET MORT	陵名 NOM DU TOMBEAU	陵墓在何處 EMPLACEMENT DU TOMBEAU	封葬年月 DATE DE L'ENTERREMENT
3 孫 *Suen*	休 *Hieou* 6e fils de *Suen-k'iuen*	子烈 *Tse-lié*	景皇帝 *King hoang ti*	258-264	234-264	定陵 *Ting-ling*	安徽太平府東 A l'Est de *T'ai-p'ing fou*, au *Ngan-hoei*	vers 264
	朱夫人 *Tchou fou-jen* Sa femme		景皇后 *King hoang heou*		265	it.	it.	vers 265
4 孫 *Suen*	皓 *Hao* petit-fils *Suen k'iuen*	元宗 *yuen-tsong*	Sans nom posthume. Connu sous le nom de Marquis de *Koei-ming* 歸命侯	264-280,4e l.	241-283		洛陽河南縣界芒山 (1) A *Lo-yang (Ho-nan)* sur la colline *Mang chan*	vers 283

(1) Le texte du 歷代陵寢備考 dit bien 河南縣. Cette division administrative n'existe plus aujourd'hui. Le 續河南通志 édit. de K'ien-long, 1er Kiuen, donne la longue série des noms et des délimitations par lesquelles elle a passé.

II° Dynastie des **TSIN-ORIENTAUX** 東晉 (317-420) Famille **SE-MA** 司馬 (11 empereurs)

姓 Famille	名 Nom	字 Surnom	尊號諡號 Nom honorifique posthume	在位年數 Durée de règne	生卒年月 Naissance et mort	陵名 Nom du tombeau	陵墓在何處 Emplacement du tombeau	封葬年月 Date de l'enterrement
1 司馬 *Se-ma*	睿 *Joei*, fils de *Se-ma king* 司馬覲 prince *Kong* 恭王	景文 *King-wen*	中宗元皇帝 *Tchong-tsong Yuen hoang-ti*	317-322,11e l.	275-322,11e l.	建平陵 *Kien-p'ing ling*	江甯府上元縣雞鳴山陽 A Nankin, *Chang-yuen hien*, au Sud de la colline *Ki-ming* près *Pé-ki-ko*.	323,2e l.
	虞皇后 Impératrice *Yu*		敬皇后 *King hoang-heou.*		277-312	it.		320
2 司馬 *Se-ma*	紹 *Chao*, fils de *Se-ma Joei*	道畿 *Tao-k'i*	肅宗明皇帝 *Sou-tsong Ming hoang-ti*	322,11e l.-325,8e l.	298-325,8e l.	武平陵 *Ou-p'ing ling*	it.	325,9e l.
	庾皇后 Impératrice *Yu*		穆皇后 *Mou hoang-heou*		296-328	it.	it.	328,4e l.
3 司馬 *Se-ma*	衍 *Yen* fils de *Se-ma Chao*	世根 *Che-ken*	顯宗成皇帝 *Hien-tsong Tch'eng hoang-ti*	325,8e l.-342,6e l.	320-342,6e l.	興平陵 *Hing-p'ing ling*	it.	342,7e l.
	杜皇后 Impératrice *Tou*		恭皇后 *Kong hoang-heou*		320-341,3e l.	it.	it.	341,4e l.
4 司馬 *Se-ma*	岳 *Yo*, frère du précédent	世同 *Che-t'ong*	康皇帝 *K'ang hoang-ti*	342,6e l.-344,9e l.	321-344,9e l.	崇平陵 *Tch'ong-p'ing ling*	江甯上元縣鍾山 A Nankin, *Chang-yuen hien* au Sud de la colline *Tchong-chan*, (mont St. Michel).	344,10e l.
	褚皇后 Impérat. *Tchou*		獻皇后 *Hien hoang-heou.*		323-384,6e l.	it.	it.	384,7e l.

II° Dynastie des **TSIN-ORIENTAUX** 東晉 (317-420) Famille **SE-MA** 司馬 (11 empereurs), (suite)

姓 Famille	名 Nom	字 Surnom	尊號諡號 Nom honorifique posthume	在位年數 Durée du règne	生卒年月 Naissance et mort	陵名 Nom du tombeau	陵墓在何處 Emplacement du tombeau	封葬年月 Date de l'enterrement
5 司馬 *Se-ma*	聃 *Tei* fils de *Se-ma Yu*	彭子 *P'ang-tse*	孝宗穆皇帝 *Hiao-tsong Mou hoang ti*	344,9e l.-361,5e l.	344-361,5e l.	永平陵 *Yong-p'ing ling*	江甯上元幕府山之陽 A Nankin, *Chang-yuen hien*, au sud de la colline *Mou-fou chan* à l'est de *Hia-koan*.	361,7e l.
	何皇后 Impératrice *Ho*		穆皇后 *Mou hoang heou*	404,7e l.	338-404,7e l.	it.	it.	404,8e l.
6 司馬 *Se-ma*	丕 *P'ei* fils du 3e emp.	千齡 *Ts'ien-ling*	哀皇帝 *Ngai hoang-ti*	361,5e l.-365,2e l.	340-365,2e l.	安平陵 *Ngan-p'ing ling*	江甯上元鷄籠山 A Nankin, *Chang-yuen hien*, sur la colline *Ki-long chan* près *Pé-ki ko*.	365,3e l.
	王皇后 Impérat. *Wang*		靖皇后 *Tsing hoang heou*	365,1e l.	365,1ère l.	it.	it.	365,1ère l.
7 司馬 *Se-ma*	奕 *I* frère du précédent.	延齡 *Yen-ling*	廢帝 ou 海西公 *Fei ti Hai si-kong*	365,2e l.-272,10e l.	341-386	吳陵 *Ou ling*	Probablement à *Sou-tcheou*	386,10e l.
	庾皇后 Impératrice *Yu*		孝皇后 *Hiao hoang-heou*		366,5e l.	D'abord à 敬平陵, puis transféré à *Ou-ling*	it.	366,7e l.
8 司馬 *Se-ma*	昱 *Yu* fils du 1er	道萬 *Tao-wan*	太宗簡文皇帝 *T'ai tsong Kien-wen hoang-ti*	371,11e l.-372,7e l.	319-372,7e l.	高平陵 *Kao-p'ing ling*	江甯上元鍾山 A Nankin, *Chang-yuen hien*, sur la colline *Tchong chan*, (mont St. Michel).	372,10e l.
	王皇后 Impérat. *Wang*	-	順皇后 *Choen hoang heou*		vers 372,7e l.	it.	it.	vers 378

II° Dynastie des **TSIN-ORIENTAUX** 東晉 (317-420) Famille **SE-MA** 司馬 (11 empereurs), (suite).

姓 Famille	名 Nom	字 Surnom	尊號諡號 Nom honorifique posthume	在位年數 Durée de règne	生卒年月 Naissance et mort	陵名 Nom du tombeau	陵墓在何處 Emplacement du tombeau	封葬年月 Date de l'enterrement
9 司馬 *Se-ma*	曜 *Yao* 3e fils du 8e empereur	昌明 *Tch'ang-ming*	烈宗孝武皇帝 *Li tsong Hiao-ou hoang ti*	373,7e l.-396,9e l.	362-396,9e l.	隆平陵 *Long-p'ing ling*	江甯上元鍾山 A Nankin, *Chang-yuen hien*, sur la colline *Tchong chan*, (mont St. Michel).	396,10e l.
	王皇后 Impérat. *Wang*		定皇后 *Ting hoang heou*		359-380,5e l.	it.	it.	380,11e l.
	陳太后 *Tch'en t'ai heou* concubine, mère des 2 emp. suivants		安德太后 *Ngan-te t'ai hoeu*		390	熙平陵 *Hi-p'ing ling*	Probablement ibidem.	399
10 司馬 *Se-ma*	德宗 *Té-tsong* fils du 9e empereur	德宗 *Té-tsong*	安皇帝 *Ngan hoang ti*	396,9e l.-418,12e l.	381-418,12e l.	休平陵 *Hieou-p'ing ling*	江甯上元鍾山 A Nan-kin, *Chang-yuen hien*, sur la colline *Tchong chan*, (mont St. Michel).	419,1er l.
11 司馬 *Se-ma*	德文 *Té-wen* fils du 9e empereur	德文 *Té-wen*	恭皇帝 *Kong hoang ti*	418,12e l.-420,6e l.	387-421,9e l.	冲平陵 *Tch'ong-p'ing ling*	it.	421,11e l.
	褚皇后 Impérat. *Tchou*		思皇后 *Se hoang heou*		vers 430	it.	it.	vers 430

N. B. Les onze souverains des *Tsin-Orientaux* ont été tous enterrés dans le territoire de *Chang-yuen hien* 上元縣. Le 10e empereur fut enseveli sous un tumulus; les autres n'eurent pas leur tumulus, semble-t-il, ou s'ils en eurent, il est impossible de les reconnaître aujourd'hui; 晉十一陵皆在上元縣境, 惟安帝起墳, 餘皆不可辨. cf. I-t'ong tche 一統志, partie *Tche-che* 實實 (recherches sur l'état actuel) édition impériale des *Ming*. (Kiuen 6 fol. 20).

III° Dynastie des **SONG** 宋 (420-479) Famille **LIEOU** 劉 (huit empereurs).

姓 Famille	名 Nom	字 Surnom	尊號諡號 Nom honorifique posthume	在位年數 Durée de règne	生卒年月 Naissance et mort	陵名 Nom du tombeau	陵墓在何處 Emplacement du tombeau	封葬年月 Date de l'enterrement
1 劉 *Lieou*	裕 *Yu*	德輿 *Te-yu* al. 寄奴 *Ki-nou* (petit nom)	高祖武皇帝 *Kao-tsou* *Ou hoang-ti*	420,6e l. 422,5e l.	362-422,5e l.	初甯陵 *Tch'ou-ning-ling*	江甯上元蔣山 A Nankin, *Chang-yuen hien*, sur la colline *Tsiang chan* (mont St Michel).	422,7e l.
	臧皇后 Impérat. *Tsang*		敬皇后 *King hoang-heou*		408	D'abord à 永甯陵 *Yong-ning ling*, puis transférée à Nankin	D'abord à *Tan-t'ou* 丹徒 *(Tchen-kiang fou)* puis transférée à Nankin.	
2 劉 *Lieou*	義符 *I-fou* fils aîné du 1er	車兵 *Tch'ê-ping* (petit nom)		422,5e l. 424,5e l.	405-424,6e l.			
3 劉 *Lieou*	義隆 *I-long* 3e fils du 1er	車兒 *Tch'ê-eul* (petit nom)	太祖文皇帝 *T'ai tsou* *Wen hoang ti*	424,8e l. 453,2e l.	407-453,2e l.	長甯陵 *Tch'ang-ning ling*	江甯上元蔣山麒麟門 A Nankin, *Chang-yuen hien*, colline *Tsiang chan*, à la porte *k'i-ling men*.	453,3e l.
	袁皇后 Impérat. *Yuen*		元皇后 *Yuen hoang heou*		410,7e l.	it.	it.	440,9e l.
4 劉 *Lieou*	駿 *Tsing* 3e fils du 3e	休龍 *Hieou-long*	世祖孝武皇帝 *Che tsou* *Hiao-ou hoang ti*	453,4e l. 464,5e l.	430-464,5e l.	景甯陵 *King-ning-ling*	江甯巖山靜明寺旁 A Nankin, colline *Yen chan*, près de la pagode *Tsing-mingse*.	465,7e l.
	王皇后 Impérat. *Wang*		文穆皇后 *Wen-mou h. heou*		464,8e l.	it.	it.	vers 464,8e l.

(1) Sur le groupe des monticules qui forment le *Tchong chan* 鍾山 (mont St Michel) une ondulation, mi-hauteur, porte le nom de *Tsiang chan* 蔣山.

IIe Dynastie des **SONG** 宋 (420-479) Famille **LIEOU** 劉 (huit empereurs), (suite).

姓 FAMILLE	名 NOM	字 SURNOM	尊號諡號 NOM HONORIFIQUE POSTHUME	在位年數 DURÉE DE RÈGNE	生卒年月 NAISSANCE ET MORT	陵名 NOM DU TOMBEAU	陵墓在何處 EMPLACEMENT DU TOMBEAU	封葬年月 DATE DE L'ENTERREMENT
5 劉 *Lieou*	子業 *Tse-yé* fils du 4e	法師 *Fa-che* (petit nom)	Connu sous le nom de *Ts'ien fei ti* 前廢帝 1er emp. détrôné	464,5e l. 465,11e l.	448-465, 11e l.	景甯陵 *King-ning-ling*	丹陽秣陵縣西郊壇龍山 A Nankin, (appelée alors 丹陽), Mo-ling hien (auj. 秣陵關), à l'ouest, au Kiao-t'an, colline Long-chan, aussi nommée Yen-chan 巘山.	vers 465,12e l.
	何皇后 Impératrice *Ho*				vers 463		it.	vers 465,12e l.
6 劉 *Lieou*	彧 *Yu* 11e fils du 3e	景休 *King-hicou*	太宗明皇帝 *T'ai tsong Ming hoang ti*	465,11e l. 472,4e l.	438-472, 4e l.	高甯陵 *Kao-ning ling*	上元幕府山 A Nankin, colline *Mou-fou chan.*	472,5e l.
	王皇后 Impérat. *Wang*	榮期 *Yong-k'i* (petit nom)	恭皇后 *Kong hoang heou*		479			vers 479
7 劉 *Lieou*	昱 *Yu* fils aîné du 6e	德融 *Tö-yong* al. 慧震 *Hoei-tchen* (petit nom)	Connu sous la nom de *Heou fei ti* 後廢帝 2e emp. détrôné al. 蒼梧王 *Ts'ang-ou wang*	472, 4e l. 477,7e l.	461-477, 7e l.		丹陽秣陵縣郊壇西 Nankin colline *Long-chan* (cf. ci-dessus)	vers 477
8 劉 *Lieou*	準 *Tchoen* 3e fils du 6e	仲謀 *Tchong-meou* 智觀 *Tche-koan* (petit nom)	順皇帝 *Choen hoang ti*	477,7e l. 479, 4e l.	467-479, 5e l.	遂甯陵 *Soei-ning ling*	江甯境內 Dans le territoire de Nankin.	479,6e l.

IV° Dynastie des **TS'I** 齊 (479-502) Famille **SIAO** 蕭 (7 empereurs).

姓 Famille	名 Nom	字 Surnom	尊號諡號 Nom honorifique posthume	在位年數 Durée de règne	生卒年月 Naissance et mort	陵名 Nom du tombeau	陵墓在何處 Emplacement du tombeau	封葬年月 Date de l'enterrement
1 蕭 *Siao*	道成 *Tao-tch'en*	紹伯 *Chao-pé*	太祖高皇帝 *T'ai-tsou* *Kao hoang-ti*	479,4e l.-482,3e l.	427-482,3e l.	泰安陵 *T'ai-ngan ling*	丹陽東北三十一里 A *Tan-yang*, 31 ly Nord	482,4e l.
	劉皇后 Impérat. *Lieou*	鬭將 *Teou-tsiang* (petit nom)	昭皇后 *Tchao hoang-heou.*		472	it.	it.	472
2 蕭 *Siao*	賾 *Tche* fils aîné du 1er	宣遠 *Siuen-yuen*	世祖武皇帝 *Che-tsou* *Ou hoang-ti*	482,3e l.-493,7e l.	450,6e l.-493,6e l.	景安陵 *King-ngan ling*	丹陽東北三十二里皇業寺前 32 ly au N.E. de *Tan-yang* devant la pagode *Hoang-yé se*, on y trouve un *K'i-lin* ailé.	493, 9e l.
	裴皇后 Impératrice *P'ei*		穆皇后 *Mou hoang-heou*		480	休安陵 *Hieou-ngan ling*	probablement à *Tan-yang*	
3 蕭 *Siao*	昭業 *Tchao-yé* petit-fils du 2e	元尙 *Yuen-chang* 法身 *Fa-chen* (petit nom)	Connu sous le nom de 廢帝 *Fei-ti* ou de 鬱林王 *Yu lin wang*	493,7e l.-494,7e l.	474-494,7e l.		Probablement à *Tan-yang*	vers 494
4 蕭 *Siao*	昭文 *Tchao-wen* petit-fils du 2e	季尙 *Ki-chang*	Connu sous le nom de 廢帝 *Fei-ti* ou de 海陵王 *Hai ling wang*	494,7e l.-494,10e l.	480-494,10e l.		Probablement à *Tan-yang*	vers 494 it.

IVᵉ Dynastie des **TS'I** 齊 (479-502) Famille **SIAO** 蕭 (7 empereurs), (suite).

姓 Famille	名 Nom	字 Surnom	尊號諡號 Nom honorifique posthume	在位年數 Durée de règne	生卒年月 Naissance et mort	陵名 Nom du tombeau	陵墓在何處 Emplacement du tombeau	封葬年月 Date de l'enterrement
5 蕭 *Siao*	鸞 *King-si* fils adopt. du 1er	景棲 *King-si.*	高宗明皇帝 *Kao tsong ming hoang ti*	494,10e l.-498,7e l.	452-498,7e l.	興安陵 *Hing-ngan ling*	丹陽東北二十四里 A *Tan-yang*, 24 ly au N. E.	vers 489,7e l.
	劉皇后 Impérat. *Lieou*	元度 *Yuen-tou.* (petit nom)	敬皇后 *King hoang heou*		489	it.	D'abord à *Tchang chan* 張山 S. E. de Nankin, puis au 興安陵, *Hiang-ngan ling* à *Tan-yang*	vers 489
6 蕭 *Siao*	寶卷 *Pao-kiuen* 2e fils du 5e	智藏 *Tche-tsang*	Connu sous le nom 廢帝東昏侯 *Fei ti Tong-hoen heou*	498,7e l.-501,12e l.	483-501,12e l.		丹陽東北三十一里 A 31 ly N.E. de la ville de *Tan-yang.*	vers 501
7 蕭 *Siao*	寶融 *Pao-yong*	智明 *Tche-ming*	和帝 *Houo ti*	501,3e l.-502,3e l.	487-502,3e l.	恭安陵 *Kong-ngan ling*	丹陽 A *Tan-yang*, où ne sait pas exactement l'emplacement	vers 502

V° Dynastie des **LIANG** 梁 (502-557) Famille **SIAO** 蕭 (4 empereurs).

姓 Famille	名 Nom	字 Surnom	尊號諡號 Nom honorifique posthume	在位年數 Durée de règne	生卒年月 Naissance et mort	陵名 Nom du tombeau	陵墓在何處 Emplacement du tombeau	封葬年月 Date de l'enterrement
1 蕭 *Siao*	衍 *Yen*	叔達 *Chou-ta*	高祖武皇帝 *Kao tsou* *Ou hoang ti*	502,4e l. 549,5e l.	464-549, 5e l.	脩陵 ou 修陵 *Sieou ling*	丹陽東三十一里皇業寺前 A 31 ly à l'est de *Tan-yang*, devant la pagode *Hoang-yé se*. On y trouve un *K'i-lin*.	504,11e l.
	郗皇后 Impérat. *Tch'e*	練兒 *Lien-eul* (petit nom)	德皇后 *Té hoang heou*		vers 505	甯陵 *Ning ling*		vers 495
	丁太后 *Ting-t'ai heou* concubine mère du 2e emp.		穆皇后 *Mou hoang heou*		484-526, 11e l.		Probablement à *Tan-yang*	vers 526
	統 *T'ong* fils, prin. héritier du 1er emp.		Connu sous le nom de 昭明太子 *Tchao-ming t'ai tse*		531	安甯陵 *Ngan-ning ling*	上元燕雀湖 à Nankin *Chang-yuen hien*, au lac *Yen-ts'io hou*, (près de la porte *Tch'ao-yang men*	vers 531
2 蕭 *Siao*	綱 *Kang* 3e fils du 1er	世讚 *Che-tsan*	太宗簡文皇帝 *T'ai tsong* *Kien-wen hoang ti*	549, 5e l. 551,8e l.	502-551, 10e l.	莊陵 *Tchoang ling*	丹陽縣東南十八里陵口鎮 A *Ling k'eou* à 18 ly S.E. de *Tan-yang*.	552,4e l.
	王皇后 Impérat. *Wang*	大通 *Lou-t'ong* (petit nom)	簡皇后 *Kien hoang heou*		504-549, 3e l.	it.	it.	530,9e l.

N.B. Dans les "Synchronismes Chinois" (pp. 236 et seq.), j'avais indiqué comme 3e empereur de la dynastie *Yu-tchang wang* 豫章王, et comme 5e *Tchen-yang heou* 貞陽侯, qui du reste n'ont fait que passer sur le trône. J'aime mieux les omettre ici; les auteurs Chinois s'accordent à les regarder comme usurpateurs.

V° Dynastie des **LIANG** 梁 (502-557), Famille **SIAO** 蕭 (4 empereurs), (suite).

姓 Famille	名 Nom	字 Surnom	尊號諡號 Nom honorifique posthume	在位年數 Durée de règne	生卒年月 Naissance et mort	陵名 Nom du tombeau	陵墓在何處 Emplacement du tombeau	封葬年月 Date de l'enterrement
3 蕭 *Siao*	繹 *I* 7e fils de 1er	世誠 *Che-tch'eng*	世祖孝元皇帝 *Che tsou Hiao-yuen hoang ti*	552,11e l.554,1e l.	510-554,12e l.		始葬湖北荊州府津陽門外後改葬江甯通望山今不知何處 D'abord enseveli au *Hou-pé, King-tcheou fou*, hors la porte *Tsin-yang*, puis transféré à Nanking, *T'ong wang chan*. Actuellement on ne connaît pas exactement l'emplacement.	vers 554
	阮太后 Sa mère *Yuen*	七符 *Ts'i fou* (petit nom)	Connu sous le nom de *Kiang-yn kouo t'ai féi* 江陰國太妃		473-450,6e l.		江甯縣通望山 A Nanking, *T'ong wang chan*	540, 11e l.
	夏太后 Impératrice *Hia* mère du suivant							
4 蕭 *Siao*	方智 *Fang-tche*	慧相 *Hoei-siang* 法眞 *Fa-tchen* (petit nom)	敬皇帝 *King hoang ti*	555,9e l.557,10e l.	543-558,4e l.		non identifié	
蕭 *Siao*	順之 *Choen-tse* père du 1er emp.		太祖文皇帝 *T'ai tsou Wen hoang ti*	Il n'a jamais régné, nous le plaçons ici, car c'est le tombeau dont nous nous occupons.	vers 444-494	建陵 *Kien-ling*	丹陽縣東二十五里 A 25 ly Est de *Tan-yang;* on y trouve 2 *K'i-lin*, 2 tortues, deux colonnes cannelées avec inscriptions. Nous étudions ces monuments en détail.	vers 465,12e l.

VIe Dynastie des TCH'EN 陳 (557-589) Famille TCH'EN 陳 (5 empereurs).

姓 Famille	名 Nom	字 Surnom	尊號諡號 Nom honorifique posthume	在位年數 Durée de règne	生卒年月 Naissance et mort	陵名 Nom du tombeau	陵墓在何處 Emplacement du tombeau	封葬年月 Date de l'enterrement
1 陳 *Tch'en*	霸先 *Pa-sien*	興國 *Hing-kouo*	高祖武皇帝 *Kao tsou Ou hoang ti*	557,10e l.559,6e l.	503-559,6e l.	萬安陵 *Wan-ngan ling*	江甯上元高橋門外石馬衝 A Nankin, S. E. *Chang-yuen hien*, en dehors de la porte *Kao-k'iao men* à *Che-ma tch'ong*.	559,8e l.
	錢皇后 Impérat. *Tsien*	法生 *Fa-seng* (petit nom)	昭皇后 *Tchao hoang-heou*		morte avant l'avénement	嘉陵 *Kia ling*	non identifié	
	章皇后 Impérat. *Tchang*		宣皇后 *Siuen hoang heou*		516-570	萬安陵 *Wan-ngan ling*	A *Che-ma-tch'ong* 石馬衝	vers 570
2 陳 *Tch'en*	蒨 *Ts'ien* fils aîné du 1er	子華 *Tse-hoa*	世祖文皇帝 *Che tsou Wen hoang ti*	559,6e l.566,4e l.	566,4e l.	永甯陵 *Yong-ning ling*	Probablement aux environs de Nankin.	566,6e l.
	沈皇后 Impérat. *Chen*				m.vers 610		Au *Kiang-nan*, probablement aux environs de Nankin	vers 606
3 陳 *Tch'en*	伯宗 *Pé-ts'ong* fils du 2e	奉業 *Fong-yé* 藥王 *Yo wang* (petit nom)	Connu sous le nom 廢帝臨海王 *Fei ti, Lin-hai wang*	566,4e l.568,11e l.	552-570, 11e l.		non identifié	
4 陳 *Tch'en*	頊 *Hiu* frère du 2e	紹世 *Chao-che*	高宗宣皇帝 *Kao-tsong Siuen hoang ti*	568,11e l.582,1e l.	530-582,1e l.	顯甯陵 *Hien-ning ling*	non identifié	582,2e l.
	柳皇后 Impérat. *Lieou*	師利 *Che-li* (petit nom)			533-616		洛陽芒山 A *Lo-yang*, *Ho-nan*, colline *Mang-chan*	vers 616

VI° Dynastie des **TCH'EN** 陳 (557-589) Famille **TCH'EN** 陳 (5 empereurs) (suite)

姓 Famille	名 Nom	字 Surnom	尊號謚號 Nom honorifique posthume	在位年月 Durée de règne	生卒年月 Naissance et mort	陵名 Nom du tombeau	陵墓在何處 Emplacement du tombeau	封葬年月 Date de l'enterrement
5 陳 *Tch'en*	叔寶 *Chou-Pao*	元秀 *Yuen-sieou* 黃奴 *Hoang-nou* (petit nom)	Connu sous le nom 後主 *Haou tchou* ou de 長安縣煬公 *Tch'ang-ngan hien Yang kong*	582, 1ᵉ l. 589, 1ᵉ l.	553-604, 11ᵉ l.		洛陽芒山 A *Lo-yang, Ho-nan*, colline *Mang-chan*	

VII° Royaume des NAN-T'ANG 南唐 (937-975) Famille LI 李 (3 empereurs).

姓 Famille	名 Nom	字 Surnom	尊號諡號 Nom honorifique posthume	在位年數 Durée de règne	生卒年月 Naissance et mort	陵名 Nom du tombeau	陵墓在何處 Emplacement du tombeau	封葬年月 Date de l'enterrement
1 李 *Li*	昪 *Pien*	正倫 *Tcheng-loen*	烈祖光文肅武孝高皇帝 *Lié tsou Koang-wen Sou-ou Hiao-kao hoang ti*	937,3e l.-943,2e l.	888-943,2e l.	永陵 *Yong-ling*	鎮江府丹徒東二十五里 A 25 ly Est de *Tan-t'ou, Tchen-kiang fou.*	943,11e l.
	宋皇后 Impérat. *Song*		元敬皇后 *Yuen-king hoang heou*		m. 945	it.	it.	945
2 李 *Li*	璟 *King* fils aîné du 1er	伯玉 *Pé-yu*	元宗明道崇德文宣孝皇帝 *Yuen ts. Ming-tao Tch'ong-té, Wen-siuen Hiao h. ti*	943,2e l.-961,6e l.	918-961,6e l.	順陵 *Choen-ling*	在江甯境內 Sur le territoire de Nankin	vers 964
	鍾皇后 Imp. *Tchong*		光穆皇后 *Koang-mou hoang heou*		m. 965	it.	it.	vers 965
3 李 *Li*	(1) 煜 *Yu* D'abord 從嘉 *Ts'ong-kia* 6e fils du 2e	重光 *Tch'ong-koang*	Connu sous le nom de 後主 *Heou tchou*	961-975, 11e l.	937-978,7e l.	-	洛陽芒山 A *Lo-yang, Ho-nan*, colline *Mang chan.*	979,1ère l.
	周國后 Reine *Tchcou*		昭惠國后 *Tchao-hoei kouo heou*		935-964,11e l.	懿陵 *I-ling*	non identifié	

(1). *Yu* 煜 avait bien commencé par porter le titre d'empereur, ce qui conférait à son épouse le titre d'impératrice 皇后. Plus tard, craignant des difficultés, il renonça au titre d'empereur, et sa femme ne fut plus que 國后 reine.

VIII° Dynastie des **MING** 明 (1368-1398), Famille **TCHOU** 朱 (deux empereurs).

姓 FAMILLE	名 NOM	字 SURNOM	尊號諡號 NOM HONORIFIQUE POSTHUME	在位年數 DURÉE DE RÈGNE	生卒年月 NAISSANCE ET MORT	陵名 NOM DU TOMBEAU	陵墓在何處 EMPLACEMENT DU TOMBEAU	封葬年月 DATE DE L'ENTERREMENT
1 朱 *Tchou*	元璋 *Yuen-tchang*	國瑞 *Kouo-choei*	太祖開天行道肇紀立極大聖至神仁文義武峻德成功高皇帝 *T'ai-tsou, k'ai-t'ien hing-tao, tchao-ki li-ki, ta-cheng tche-chen, jen-wen i-wou, tsiuen-tê tch'eng-kong, Kao hoang ti*	1368-1398, 5e l.	1327-1398, 5e l.	孝陵 *Hiao ling*	江甯上元鍾山之陽 A Nankin, *Chang-yuen hien* au Sud de la colline *Tchong chan*	1398, 5e l.
	高皇后 Impératrice *Kao*		孝慈皇后 *Hiao-t'se hoang heou*		1329-1382, 8e l.	it.	it.	1382, 9e l.
朱 *Tchou*	標 *Piao* fils héritier		Connu sous le nom de 懿文大子 *I-wen t'ai tse*			it.	it.	

N.B. Le fondateur de la dynastie des *Ming* régna à Nankin et y fut entré. Les autres empereurs réguèrent au Nord ; ils ont leur tombeau non loin de Pékin, à la colline *T'ien-cheou chan* 天壽山, sur le territoire de *Tch'ang-p'ing tcheou* 昌平州. Le lettré *Kou Yen-ou* 顧炎武 a laissé un ouvrage spéciale sur la région de *Tch'ang-p'ing* avec indication de 13 tombeaux impériaux 昌平山水記.

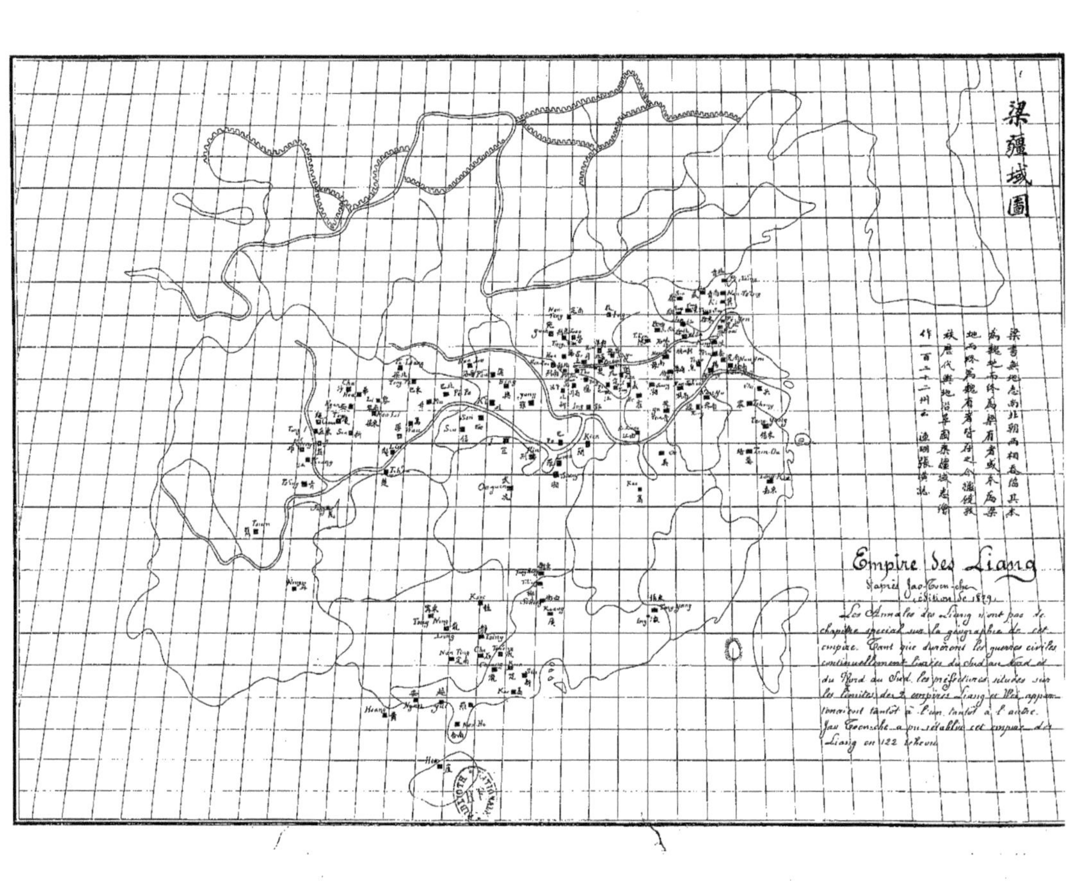

梁疆域圖
Empire des Liang
d'après Jao-Tsen-che
édition de 1879.
Les Annales des Liang n'ont pas de chapitre spécial sur la géographie de cet empire. Tant que durèrent les guerres civiles continuellement livrées du Sud au Nord et du Nord au Sud, les préfectures situées sur les limites des 2 empires Liang et Wei appartenaient tantôt à l'un tantôt à l'autre. Jao Tsen-che a pu rétablir cet empire des Liang en 122 tcheou.

II. LA CARTE GÉOGRAPHIQUE DES LIANG.

Nous l'empruntons à l'ouvrage Li-tai yu-ti yen-ko 歷代輿地沿革. Celui qui l'a dressée a écrit en marge: «Les annales des Liang «n'ont pas de partie géographique. Quant à ce que disent les Anna- «les des Soei 隋, que les Liang possédaient 107 divisions territoriales «(tcheou 州), il n'y faut comprendre ni ce que les Wei 魏 et les Ts'i «齊 leur avaient enlevé, ni ce qu'ils s'étaient eux-mêmes annexé. «Hong K'i-suen 洪齮孫 dans ses additions géographiques aux An- «nales des Liang compte 121 tcheou; c'est qu'il y a inclus ce qui «appartenant aux Wei 魏, est tombé finalement au pouvoir des «Liang, et ce qui des Liang passa aux Wei. Actuellement, nous le «suivons en dressant cette carte; nous y ajoutons encore Tch'ou- tcheou 楚州, ce qui donne 122 tcheou (1).

A regarder la carte, on s'étonne de l'immense étendue de cet empire des Liang, toujours classé parmi les "petites dynasties." L'appellation ne peut vouloir indiquer que la courte durée de la famille sur le trône. Les territoires comprennent le Chan-tong méridional, toute la riche vallée du Yang-tse, toute la Chine du sud, bien plus 7 territoires dans l'Annam (2). Les régions du Nord appartenaient aux Wei; à l'ouest, l'absence d'indications laisse bien comprendre qu'alors aussi les aborigènes luttaient, non sans succès, pour leur indépendance.

La capitale était le Nankin actuel; mais elle portait le nom de principauté de Tan-yang 丹陽郡. Elle avait d'abord porté bien d'autres noms. Voici ce que dit l'ouvrage Li-tai yen-ko piao 歷代沿革表.

(1) 案梁書無地志,隋志所云一百七州者,不計陷於魏齊及僑置諸州,洪齮孫補梁疆域志,則計一百二十一州,蓋以本爲魏地,而終爲梁有,與本爲梁地而終爲魏有者,皆著之,今據以爲圖,又補楚州,凡一百二十有二州. cf. 饒敦秩歷代輿地沿革險要圖 carte 35.

(2) 交州,驩州,興州,愛州,德州,利州,明州,俱在今越南國境. cf. ibid.

(3) 江寧府,吳自京口徙都于此,晉平吳,改建業爲秣陵,尋分秣陵北爲建業,又改爲建康,東晉復都此,置丹陽郡.

«Les rois de Ou 吳 transportèrent leur capitale de King-k'eou «京口 (Tchen-kiang actuel) en ce lieu (Nan-king actuel). Les «Tsin 晉, après avoir soumis les Ou 吳, imposèrent à la capitale, «alors nommée Kien-yé 建業, le nom de Mou-ling 秣陵; plus «tard, ils firent de la partie nord de Mou-ling le district de Kien-yé «建業 qu'ils changèrent de nouveau en Kien-k'ang 建康. Les Tsin «Orientaux à leur tour fixèrent là leur capitale, et en firent la prin- «cipauté de Tan-yang 丹陽郡». Ce fut son nom officiel sous les Liang.

CHAPITRE II.

CARTE COMPLÈTE DES ANCIENS TOMBEAUX AUX ENVIRONS DE NANKIN.

Tous les voyageurs qui passent à Nankin se croient tenus de faire une visite au tombeau du 1er empereur des *Ming*. Ils ne se doutent pas que dans toutes ces ondulations de terrain qui s'échelonnent dénudées, solitaires, aux environs de la capitale, furent déposés pendant des siècles les restes d'autres souverains et de nombre d'hommes qui eurent leur célébrité.

Il fut un temps sans doute où ces vastes étendues étaient couvertes de monuments, arcs de triomphe, stèles, *K'i-ling* 麒 麟, que le luxe funéraire des Chinois se plaît à élever à la mémoire des morts.

Les années et les révolutions ont passé, ne laissant rien ou presque rien debout.

Mais les chroniques locales nous restent, détaillées, précises. Nous avons pu les étudier pendant deux années de séjour à *Nankin*; puis dans de nombreuses excursions, faites avec des compagnons qu'animait le même enthousiasme, nous avons pu identifier les localités. C'est à ce prix qu'il a été possible de restituer tout un passé et de dresser la carte que nous publions aujourd'hui. Elle comprend les tombes de quelques souverains des 8 dynasties qui ont régné à *Nankin*.

呉 *Ou*, 222-280.	梁 *Liang*, 502-557.
東 晉 *Tong-Tsin* 327-420.	陳 *Tch'en* 557-589.
宋 *Song* 420-479.	南 唐 *Nan-T'ang* 937-975.
齊 *Ts'i* 479-502.	明 *Ming* 1368-1398.

Elle comprend encore une longue liste d'autres noms qui a paru aussi avoir son utilité. Peut-être ce travail amènera-t-il un jour d'intéressantes découvertes. Voici les livres qui nous ont le plus servi :

T'ong-kien kang-mou 通 鑑 綱 目.
Ling-ts'ing pei-k'ao 陵 寢 備 考.
Kien-k'ang che-lou 建 康 實 錄.
Kin-ling tai-tchen lou 金 陵 待 徵 錄.
Pé-hia souo-yen 白 下 瑣 言.
Ta-Ming i-t'ong tche 大 明 一 統 志.
Ta-Ts'ing i-t'ong tche 大 清 一 統 志.

Les Chroniques de *Nankin*, éditions datées de *K'ang-hi*, de *K'ien-long*, et de *Koang-siu*.

康 熙 江 甯 府 志.
乾 隆 江 甯 府 志.
光 緒 江 甯 府 續 志.

Puis le *T'ong-tche Chang-kiang hien-tche* 同 治 上 江 縣 志, et le *Koang-siu Tan-yang hien-tche* 光 緒 陽 丹 縣 志.

CHAPITRE III.

RÉSUMÉ DE L'HISTOIRE DES LIANG ET CARTE GÉOGRAPHIQUE DE LEUR EMPIRE.

I. *Résumé historique.*

Notre but ne saurait être, pour le moment, d'écrire l'histoire complète des Liang. Les sinologues savent d'ailleurs à quelles sources puiser leurs renseignements : ce sont ces chroniques locales ou générales, dont nous indiquons seulement les suivantes :

南北史 *Nan-pé che*
梁書 *Liang chou*
南北史表 *Nan-pé che-piao*
綱鑑 *Kang-kien*
綱鑑輯覽 *Kang-kien ts'i-lan*
通鑑綱目 *T'ong-kien-kang-mou*
歷代紀事年表 *Li-tai ki-che nien-piao*
史綱評要 *Che-kanq p'ing-yao*
資治通鑑 *Tse-tche t'ong-kien*
江南通志 *Kiang-nan t'ong-tche*
江甯府志 *Kiang-ning fou-tche*
同治上元江甯兩縣志 *T'ong-tche Chang-yuen Kiang-ning liang-hien tche*
光緒丹陽縣志 *Koang-siu Tan-yang hien-tche.*

Il nous a paru plus intéressant de rechercher, d'étudier et de présenter aux lecteurs ce qu'il reste des monuments funéraires de la dynastie des *Liang*. Un séjour assez prolongé à *Nankin* nous a donné des facilités particulières ; c'était parfois, il faut le dire, un vrai voyage de découvertes qu'il fallait faire, les chroniques à la main, pour retrouver à *Nankin* même ou à *Tan-yang* 丹陽 ces restes, non sans grandeur parfois, toujours dégradés par les siècles, complètement dédaignés par les voyageurs, et ignorés des voisins eux-mêmes. Ces monuments avaient pourtant jadis causé quelque enthousiasme aux archéologues chinois, qui y avaient trouvé une beauté originale, et les avaient décrits avec amour.

Nous avons été assez heureux pour faire exécuter et déposer à la bibliothèque de *Zi-ka-wei* une collection importante des décalques de ces monuments. Nous en commençons ici la publication et la continuerons, s'il plaît à Dieu, selon que nos loisirs nous le permettront.

Les quelques pages que nous donnons ici de l'histoire des Liang, n'ont pour but que d'illustrer et de faciliter l'étude des monuments en nous présentant une vue d'ensemble des hommes et des faits d'alors.

La période qui précéda l'avènement des Liang fut toute de guerres et de sang. Sous les *Tsin* 晉 (317-420), les *Song* 宋 (420-479) et les *Ts'i* 齊 (479-502), les discordes civiles ne cessaient pas ; toujours des meurtres que l'histoire enregistre sans se lasser et que le lecteur ne peut parcourir sans éprouver parfois le besoin de détourner les yeux avec dégoût de ces scènes de carnage. Sur le trône même, les empereurs ne savaient comment protéger leur propre vie, et longue est la liste des règnes qui se sont terminés par un meurtre, un empoisonnement ou un suicide. C'est l'empereur *Liang Ou-ti* 梁武帝 qui au cours de son long règne, au début surtout, rétablit quelque ordre dans l'administration, et une large prospérité dans le peuple. Avec une habileté consommée il s'était frayé la voie au trône. La Chine était alors divisée en deux empires 南北朝, celui du Nord, où les *Wei* 魏 gardèrent le sceptre de 368 à 556, (1) celui du Sud où se succédèrent les 6 dynasties (cf. supra p. 1, note (1).

(1) Les mots *Pé-tch'ao* 北朝 désignent les *Wei* 魏. Les *Wei* 魏 ou *Yuen Wei* 元魏, montent sur le trône en 386 P. C., dans la personne de *Tao-ou ti* 道武帝. Leur capitale fut d'abord à *Yun-tchong* 雲中, aujourd'hui *Hoei-jen hien* 懷仁縣 au *Chan-si* 山西, puis non loin de là à *P'ing-tch'eng* 平城 aujourd'hui *Ta-t'ong hien* 大同縣 au Chan-si ; puis vers 471 à *Lo-yang* 洛陽, aujond'hui *K'ai-fong fou* du *Ho-nan* 河南開封府. Ils se divisent en *Wei* Occidentaux 西魏 avec capitale à *Tch'ang-ngan* 長安 (auj. *Si-ngan fou* du *Chan-si*), et *Wei* Orientaux 東魏 avec capitale à *Yé* 鄴 (auj. *Tchang-té fou* au *Ho-nan* 河南彰德府) (534); en 550, les *Wei* Orientaux sont remplacés par les *Ts'i* du Nord 北齊 qui gardèrent leur capitale à *Yé* 鄴, et en 556 les *Wei* Occidentaux sont remplacés par les *Tcheou* du Nord 北周 qui gardèrent leur capitale à *Tch'ang-ngan*. En 580 les *Ts'i* du Nord disparaissent devant les *Tcheou* du Nord et enfin les *Tcheou* du Nord disparaissent devant les *Soei* 隋 qui règnent seuls au Nord à partir de 581, et prennent rang dans la série des dynasties impériales légitimes à partir de 590. (cf. 綱鑑世系南北朝中西聞見叢鈔 k.-2 vers la fin. — Synchronismes Chinois Var. Sin. N° 24 de pag. 181 à 252).

1er *Empereur des Liang, Ou ti* 武帝 (502-549).

Vers la fin du 5e siècle, le futur empereur *Liang Ou ti* 梁武帝, nommé alors *Siao Yen* 蕭衍, bataillait avec gloire pour le compte de son souverain *Ts'i Tong-hoen heou* 齊東昏侯 (499-501); il avait pu résister aux efforts de l'empire rival des *Wei* 魏, et dans le royaume même des *Ts'i* 齊 étouffer les révoltes. L'ambition lui vint ; il commença par faire pièce à son souverain, qu'il avait jusque-là servi et qui régnait légitimement à *Kien-k'ang* 建康 *(Nankin)*, en plaçant *Siao Pao-yong* 蕭寶融, jeune homme de 15 ans et propre frère de l'empereur régnant, sur le trône de *Kiang-ling* 江陵 *(Hou-pé)*. Les généraux fidèles voulurent résister, ils furent vaincus et durent accepter les conditions de *Siao yen* 蕭衍. Le malheureux empereur *Tong-Hoen heou* 東昏侯 tomba bientôt assassiné de la main d'un traître *Wang Kouo-tchen* 王國珍.

Pendant que *Siao Pao-yong* 蕭寶融 devenait empereur légitime sous le nom de *Ts'i Houo ti* 齊和帝 (501-502), la puissance de *Siao Yen* 蕭衍 grandissait toujours, à tel point que l'impératrice mère *Siuen-té hoang-heou* 宣德皇后 dut s'incliner devant les faits et éleva *Siao Yen* à la dignité de duc de *Kien-ngan kiun kong* 建安郡公. Premier ministre de la cour, vrai dictateur, *Siao yen* sut, par son administration, se concilier la faveur universelle. En 502 à la première lune, l'impératrice le nommait duc de *Liang* 梁公, titre qu'il feignit de refuser et accepta enfin sur les pressantes instances de tous les mandarins

A la 3e lune, il était créé roi de *Liang* 梁王 ; nouveau refus, nouvelles instances et nouvelle acceptation; son titre lui donnait juridiction sur 10 provinces (1) *Che-kiun* 十郡. Vingt quatre jours plus tard un décret annonçait que l'empereur abdiquait le trône. *Siao Yen* 蕭衍 feignit encore de s'y opposer, mais enfin sollicité par tous les mandarins, pressé par l'ordre formel de *Ts'i Houo ti* 齊和帝 lui-même, *Siao Yen* accepta la dignité impériale.

---

(1) Ces 10 provinces *Kiun* 郡 sont: *Nan-ts'iao* 南譙, *Lu-kiang* 廬江, *Siun-yang* 尋陽, *Ou-tch'ang* 武昌, *Si-yang* 西陽, *Nan-lang-yé* 南瑯邪, *Nan-tong-hai* 南東海, *Tsin-ling* 晉陵, *Lin-hai* 臨海, *Yong-kia* 永嘉, (cf. 梁書 k. 1. fol. 18 — supra, carte géographique de l'empire des *Liang* p. 22). Avec les 10 provinces précédentes le nombre total s'élèverait jusqu'à 20. cf. ibid. 梁書 k. 1. fol. 18.

La cérémonie de l'avènement eut lieu le jour *Ping-yen* 丙寅 de la 4e lune (30 Avril 502), au milieu de la joie universelle. Le nouvel empereur regarda comme son premier devoir d'anoblir ses parents. Son père *Siao Choen-tche* 蕭順之, mort depuis huit ans, devint *T'ai-tsou Wen hoang-ti* 太祖文皇帝; sa mère *Siao Tchang che* 蕭張氏, sa femme *Siao Tch'e che* 蕭郗氏 mortes aussi devinrent *Hien hoang-heou* 獻皇后 et *Té hoang-heou* 德皇后. Son défunt frère aîné *Siao I* 蕭懿 devint *Tch'ang cha-kiun wang* 長沙郡王. Puis pensant aux vivants il fit princes tous ses frères cadets.

Par malheur, de sombres craintes troublaient les joies du début; elles l'emportèrent dans ce tempérament désordonné et dès le 2e jour de son règne l'empereur *Liang Ou ti* 梁武帝 faisait assassiner l'empereur détrôné *Ts'i Houo ti* 齊和帝, son souverain, son bienfaiteur, qui pensait pouvoir continuer une modeste existence sous le nom de prince de *Pa-ling* 巴陵王. Libre désormais de toute inquiétude, aidé par ses fidèles amis *Fan Yun* 范雲 et *Chen Yo* 沈約, il commença des réformes dignes d'un grand prince.

La paix régnait, apportant une tranquille aisance. Suivant une tradition chère aux souverains Chinois, les lettrés cachés furent recherchés et comblés d'honneurs ; permission fut donnée au peuple d'adresser directement à l'empereur pétitions et dénonciations; la rigueur des peines fut tempérée, des écoles furent construites, des temples de Confucius aussi. *Siu Mien* 徐勔, nommé en 507 premier président de la chambre des mandarins 吏部尙書, fit honneur à sa charge et prolongea cette ère de prospérité. Rien alors ne manquait à l'empereur : ni la gloire des combats où il avait montré habileté et vaillance, ni le renom d'un administrateur habile qui avait mis fin au chaos, ni un rare talent de littérateur qui, rédigeait lui-même ses édits et se distrayait par la poesie des soucis du pouvoir. Ainsi doué, il avait conquis la soumission, le respect, et l'admiration de son peuple.

Déjà cependant *Liang Ou ti* se laissait emporter par une folle superstition de sa dynastie. Les *Wei* 魏 du Nord avaient mis le bouddhisme en grand honneur ; ils construisaient des pagodes qui égalaient en beauté les résidences impériales. *Liang Ou ti* voulut rivaliser avec eux. Ouvrant tout grand son esprit aux chimères de la métempsycose, il porta, en 517, défense générale de tisser des étoffes portant figures d'hommes ou d'animaux 詔文錦不得爲人獸之形; au lieu de victimes sanglantes, il prescrivit d'offrir des fruits et des légumes. Emporté de plus en plus sur la même pente, il finit par se consacrer lui-même, en 529, au culte de Bouddha, dans la pagode *T'ong-t'ai se* 同泰寺, aujourd'hui *Ki-ming se* 雞鳴寺, à l'est de *Pé-ki-ko* 北極閣 (cf. Var. Sin. n° 23, carte XII, et pp. 27, 42, 97, 101, 102, 106, 115, 128, 147, 166, 241, 252). Les prières réitérées des officiers ne purent le ramener dans son palais qu'après que promesse eût été faite de verser aux pagodes 10 milliards de sapèques 錢十萬億. Ce qui ne l'empêcha pas encore de revenir souvent à la même pagode, où lui-même se faisait un plaisir de commenter les livres bouddhiques. A une rigoureuse abstinence de viande, poisson et œufs, il ajoutait le jeûne quotidien.

Il perdit dans ses égarements le sens du pouvoir ; les gouverneurs de province mal surveillés tyrannisèrent le peuple, semant le mécontentement et la désaffection ; les révoltés eux-mêmes furent traités avec une étonnante indulgence. (cf. 綱鑑正史約 k. 19 fol. 39). En 547, 3e lune, *Heou King* 侯景, un révolté de l'empire du Nord, à bout de moyens et fugitif, reçut bon accueil de *Liang Ou ti*, qui le créa prince de *Ho-nan* 河南王. Dès la 8e lune, *Heou King* joignant l'ambition à l'ingratitude, se révolta et annonça son projet de purger la cour impériale de mauvais ministres, tels que *Tchou I* 朱异 et autres. *Liang Ou ti*, ouvrant trop tard les yeux, chargea son 6e fils *Siao Louen* 蕭綸, son petit-fils *Siao Ta-k'i* 蕭大器 et son neveu *Siao Tcheng-té*, 蕭正德, fils de *Siao Hong* 蕭宏, d'aller combattre l'armée de *Heou King*.

Mais *Siao Tcheng-té*, déjà gagné à *Heou King*, lui fournit armes et bateaux de guerre. Dès que *Heou King* eût passé le *Yang-tse kiang* 揚子江 à l'endroit moins large nommé *Ts'e-hou* 慈湖, aujourd'hui au nord de *T'ai-p'ing fou* 太平府, il proclama *Siao Tcheng-té* empereur et celui-ci le nomma en retour son premier ministre. Bientôt la capitale *Kien-k'ang* 建康 (Nankin) se trouva cernée par les troupes de *Heou King*. *Siao Tcheng-té*, dont la trahison n'était pas encore connue, figurait parmi les défenseurs de la ville, et recevait même de *Siao Louen*, généralissime de l'armée impériale, la

T'ai-tch'eng, forteresse où l'empereur Liang Ou ti mourut de faim. p. 25.

garde de la porte *Siuen yang men* 宣陽門 (cf. Var. Sin. N° 23 carte $\frac{\text{VI}}{\text{XVII}}$ pp. 71 et 72). Les combats se prolongèrent autour de la ville intérieure *Tong-fou tch'eng* 東府城, pendant lesquels le bruit courut que *Liang Ou ti* était mort. *Siao I* 蕭繹, 7e fils de *Liang Ou ti*, qui venait de *King-tcheou* 荆州 (Hou-pe) porter secours à son père, releva un moment les courages ; mais la mort prématurée de *Yang K'an* 羊侃, ministre et chef des troupes renouvela toutes les inquiétudes.

Par un étrange retour des choses, *Liang Ou-ti* voyait devant lui un révolté, *Heou King*, comme lui-même s'était révolté contre le dernier des *Ts'i* 齊 ; il dut l'accabler d'honneurs, comme lui-même l'avait été jadis dans de pareilles circonstances. *Heou King* devint donc son premier ministre et n'eut rien de plus pressé que d'arrêter les renforts qui étaient en route pour la capitale.

Singulière situation que celle d'un ministre de l'empire, qui continuait ses assauts contre la forteresse *T'ai-tch'eng* 臺城, où l'empereur résidait enfermé. On voit encore aujourd'hui une partie de ces murailles sur le lac *Heou-hou* 後湖 (voir la photogravure de *T'ai-tch'eng* en regard) à côté de la colline *Fou-tcheou chan* 覆舟山. *Liang Ou-ti* voulut essayer une entrevue. En s'approchant de lui, l'orgueilleux *Heou King* ne put se défendre d'une sorte de terreur devant la majesté impériale; il tremblait comme une feuille. Sorti de l'audience il alla détrôner le fantôme d'empereur *Siao Tcheng-té* 蕭正德 que lui-même avait créé et le mit à mort. Enfin à la 5e lune de 549, le fondateur de la dynastie des *Liang*, toujours enfermé dans la forteresse *T'ai-tch'eng* 臺城, incapable d'échapper aux étreintes de *Heou King*, mourait lui-même épuisé de faim et de tristesse.

2e *Empereur des Liang : Kien-wen ti* 簡文帝 (549-551).

Siao Kang 蕭綱 de son nom posthume *Kien-wen ti* 簡文帝, 3e fils de *Liang Ou ti*, monta sur le trône. Il était héritier présomptif depuis la mort de *Siao T'ong* 蕭統, de son nom posthume *Tchao-ming t'ai-tse* 昭明太子 (501-531).

Son avènement excite la jalousie d'un de ses frères *Siao I* 蕭繹 7e fils de *Liang Ou ti*, qui se nomma lui-même généralissime et dictateur de l'empire, (自稱假黃鉞大都督中外諸軍事承制). C'était l'heure pourtant où tous les *Siao* 蕭 auraient dû s'unir pour résister à *Heou King* qui osait de plus en plus. Trois mois seulement (549, 8e lune) après la mort de l'empereur, il se déclara roi de *Han* 漢王 avec juridiction sur 20 provinces 二十郡. Un an plus tard (550, 8e lune), il faisait mourir presque tous les membres de la famille impériale; il emprisonnait l'empereur régnant dans le palais *Yong-fou cheng* 永福省, et allait jusqu'à forger une proclamation portant abdication volontaire du souverain en faveur de *Siao Tong* 蕭棟, prince de *Yu-tchang* 豫章. Enfin à la 10e lune il envoyait *Wang Wei* 王偉 et *P'ong Tsuen* 彭儁 tuer l'empereur, qui succombait asphyxié sous un sac de terre. (cf. 梁書 k. 4. fol. 4). Après ce meurtre, *Heou King* conféra à l'empereur défunt le titre de *Kao-tsong Ming hoang-ti* 高宗明皇帝, titre qui fut plus tard rejeté comme imposé par un rebelle, et remplacé par celui de *T'ai-tsong Kien-wen hoang-ti* 太宗簡文皇帝. L'enterrement eut lieu en 552, 4e lune, dans le district de *Tan-yang* 丹陽, au lieu qui fut dès lors nommé *Tchoang ling* 莊陵. Ce tombeau se trouve près de la ligne de *Chang-hai-Nankin*, au S. O. de la gare de *Ling-k'eou* 陵口. (1) (voir la photogravure du tombeau de *Ling-k'eou* en regard).

3e *Empereur des Liang : Yuen ti* 元帝 (552-554).

A l'avènement du 2e empereur, son frère cadet *Siao I* 蕭繹 s'était refusé, nous l'avons vu, à faire acte de soumission. A la mort de l'empereur, ce même *Siao I* fut pressé par ses partisans de monter sur le trône et d'établir sa cour à *Kiang-ling* 江陵 *(Hou-pé)*. Il ne l'osa pas, par crainte surtout de *Heou King*, qui déjà avait placé sur le trône *Siao Kang* 蕭綱 et l'avait ensuite fait assassiner, et qui, du vivant de *Siao Kang*, lui avait donné en *Siao Tong* 蕭棟 un rival, qu'ensuite il avait aussi assassiné. A la 10e lune de 552, *Heou King* ne doutant plus de rien, se proclama lui-même empereur à *Nankin* 建康, en changeant le nom dynastique de *Liang* 梁 en celui de *Han* 漢. Au même moment, 552, 11e lune, *Siao I*, prince de *Siang-tong* 湘東王 se décidait enfin à monter sur le trône, sous le nom de *Yuen ti* 元帝, en plaçant sa cour à *Kiang-ling (Hou-pé)*. Son règne dura peu.

(1) C'est à cause du tombeau de l'empereur *Liang kien-wen hoang-ti* que le bourg prit probablement son nom de *Ling-k'eou* 陵口, c-à-d. entrée d'un tombeau impérial.

Tombeau de l'emp. Liang Kien-wen ti à Ling k'eou, près de la gare de Ling k'eou (Tan-yang) cheval ailé gisant par terre. p. 26.

L'année suivante, les *Wei* Occidentaux 西 魏 venaient attaquer la ville de *Kiang-ling*. L'empereur *Yuen ti* 元 帝, entièrement défait, était emmené au Nord, et mourait peu après asphyxié lui aussi sous un sac de terre.

4e *Empereur des Liang : King ti* 敬 帝 (555-557).

Le fils de l'empereur *Yuen ti*, *Siao Fang-tche* 蕭 方 智, monta sur le trône, non à *Kiang-ling* 江 陵 *(Hou-pé)* mais à *Kien-k'ang* 建 康 *(Nankin)*.

Il devait ce succès à l'appui de *Tch'en Pa-sien* 陳 霸 先, le futur fondateur de la dynastie des *Tch'en* 陳. L'avènement d'ailleurs n'alla pas sans effort. Il fallut combattre contre l'obstiné *Heou King*, et dans cette lutte, *Wang Sen-pien* 王 僧 辯, dévoué à l'empereur, perdit la vie ; il fallut aussi détrôner *Siao Yuen-ming* 蕭 淵 明, qui croyait pouvoir compter sur les *Wei* 魏 et avait occupé le trône à *Kien-k'ang* même.

Liang King-ti, qui devait le trône à *Tch'en Pa-sien* 陳 霸 先 poussa trop loin sa reconnaissance. Tous les honneurs lui furent accordés, lui faisant naître au cœur un instinct de révolte. En attendant, il servait encore avec succès la dynastie régnante par ses guerres victorieuses contre les troupes du Nord. Enfin, croyant le moment venu, il se fit investir du titre de duc de *Tch'en* 陳 公 (557, 8e lune), et devint ministre de tout l'empire, prenant rang au-dessus des princes de sang. Deux mois après, il devenait roi de *Tch'en* 陳 王, et presque aussitôt un décret de *King-ti* annonçait sa résolution d'abdiquer et céder le trône à *Tch'en Pa-sien*, qui d'abord refusa, et accepta bientôt, en souillant son acceptation par le meurtre de son maître et souverain, le dernier des *Liang*, l'empereur *King-ti*.

C'était, à 50 ans de distance, la reproduction presque dans les moindres détails des évènements, qui avaient amené la ruine du dernier des *Ts'i* 齊 (cf. p. 23 supra).

Liang Postérieurs 後 梁 *(555-587)*.

1er *empereur : Liang Siuen ti* 梁 宣 帝 (555-562).

Une branche des *Siao* cependant essayait de se perpétuer à *Kiang-ling* (Hou-pé, 555-587). *Siao Tch'a* 蕭 詧, fils de *Siao T'ong*

蕭統 et petit-fils de *Liang Ou ti*, s'était proclamé, dès 555 1ère lune, empereur ou roi de *Liang* à *Kiang-ling*, sous le protectorat des *Wei* 魏, qui eux-mêmes allaient disparaître en 556. (cf. p. 21 note).

Il fondait ainsi la dynastie que les chroniques ont parfois désignée sous le nom de *Liang* postérieurs 後梁 *(Heou-Liang)*. Il mourut après 8 ans de régne (562, 2e lune).

2e *Empereur : Liang Ming ti* 明帝 (562-585).

C'est *Siao Koei* 蕭巋, 3e fils du précédent, qui lui succéda sur le trône sous le nom posthume de *Ming ti* 明帝.

3e *Empereur : Siao Tsong* 蕭琮 (585-587).

Siao Tsong 蕭琮, fils et héritier de *Ming ti* le remplaça sur le trône, (585 3e lune), sans autre appellation que le modeste titre de duc de *Kiu* 莒公. En 587, 1ère lune, *Siao Tsong* était appelé par l'empereur *Soei Wen ti* 隋文帝 à la cour de *Tch'ang-ngan* 長安 pour y être détrôné et retenu prisonnier jusqu'à sa mort. C'était l'extinction finale de la dynastie.

On a peine à croire que dans cette succession presque ininterrompue de luttes et de meurtres, les *Siao* 蕭 aient encore pu avoir le goût et le loisir d'élever des monuments, qui pour ne pas être comparables à ceux du *Chan-tong* 山東, sous-préfecture de *Kia-siang* 嘉祥, et à ceux du *Chen-si* 陝西 que Mr Chavanes a étudiés, (1) trahissent cependant une certaine magnificence, et présentent à qui les étudie plus d'une surprise intéressante.

Rien n'a été fait, il faut l'avouer, pour la préservation de ces monuments. Dernièrement seulement le vice-roi *Toan-fang* 端方, qui est un archéologue convaincu, a donné l'ordre de relever tous les monuments anciens des environs de *Nankin*. L'ordre restera-t-il lettre morte ?

Nankin n'a pas même un musée, et doit envier à *Si-ngan fou* 西安府 cet enclos dans le temple de Confucius, cette "forêt de stèles *Pei-lin*" 碑林, où était encore portée dernièrement la stèle Nestorienne 景教碑, qu'a étudiée le P. Havret (2).

---

(1) Cf. récit du voyage, E. F. E. O., 1907, p. 436. T'oung-pao, 1907, pp. 561, 709.

(2) Var. Sin. n° 7, 12,20. — La stèle a été transportée dans la salle Pei-lin, le 2 Oct. 1907. cf. lettre du P. Gabriel Maurice, de Chine 10 déc. 1907.

Il est bon, dès le début, de signaler les tombeaux des *Siao* qui sont près de la nouvelle voie ferrée *Chang-hai-Nankin*:

Tombeau de *Siao Kang* 蕭綱, 2e empereur, tout près de la gare de *Ling-k'eou* 陵口 avant d'arriver à *Tan-yang*.

Tombeau de *Siao Sieou* 蕭秀, de *Siao Hoei* 蕭恢, de *Siao Tan* 蕭憺, et de *Siao King* 蕭景 tout près de la gare de *Yao-houa men* 堯化門 (1) près de *Nankin*.

(1) Désignation fautive; il faudrait dire *Yao-fang men* 姚坊門.

CHAPITRE IV.

ORIGINE DE LA FAMILLE SIAO 蕭

Les *Siao* 蕭 plaçaient le berceau de leur famille à *Siao* 蕭, aujourd'hui *Siao-hien* 蕭縣, sous-préfecture qui dépend de *Siu-tcheou fou* 徐州府 au *Kiang-sou* 江蘇.

Ils se donnaient pour ancêtre *Ti-kou* 帝嚳 (Emp. 2436-2366 av. J.C.)

Un de ses descendants *Tchong-yen* 仲衍, frère cadet de *Weitse* 微子 (1111-1077 av. J.C.) aurait habité avec son frère le royaume *Song* 宋 vers 1111 av. J.C.

K'an 衎 descendant de *Tchong-yen* 仲衍 au 8e degré fut surnommé *Yo-fou* 樂父. *Ta-sin* 大心, le petit-fils de ce dernier remporta une victoire sur *Nan-kong Tch'ang-wan* 南宮長萬. En récompense il fut nommé le petit prince feudataire de *Siao* 蕭, (auj. *Siao-hien* 蕭縣 de *Siu-tcheou fou)* sous la dynastie des *Tcheou* 周.

Dès lors les descendants de *Yo-fou* 樂父 prirent le nom de *Siao* 蕭 comme nom patronymique.

L'arrivée des *Han* 漢 au trône, 206 av. J.C. apporta la fortune et la gloire à la famille qui nous occupe. Le premier empereur de cette dynastie, *Han Kao-tsou* 漢高祖 (206-194 av. J.C.) était lié d'étroite amitié avec *Siao Ho* 蕭何. Il lui conféra le titre de ministre. C'est le premier des *Siao* mentionné dans les annales Chinoises.

Nous donnons, d'après les *Ts'i chou* et les *Liang chou* 齊書, 梁書, le tableau généalogique de la famille *Siao* 蕭 jusqu'à *Siao Choen-tche* 蕭順之. Pour ce qui est des dates de naissance et de mort, elles sont presque toutes ignorées de l'histoire.

Siao Ho	蕭何	Ministre des *Han*, mort en 193 av. J.C.	
Siao Yen	,, 延	Marquis de *Tsoan-ting*	酇定侯
Siao Piao	,, 彪	Ministre, *che-tchong*	侍中
Siao Tchang	,, 章	(1) Notaire, *Kong-fou tchoan*	公府椽

(1) D'après le *Li-tai ming-hien li-niu che-sing pou* 歷代名賢列女氏姓譜 k. 56 *Siao tchang* 蕭章 eut deux fils, l'aîné *Siao Hoei-chang* 蕭惠尙 et le cadet *Siao Hoei-kao* 蕭惠高. C'est ce dernier *(Siao Hoei-kao)* qui fut le père de *Siao Hao*. Les généalogies des *Ts'i-chou* 齊書 et des *Liang-chou* 梁書 doivent être augmentées de ces deux noms.

Siao Hao	蕭皓		
Siao Niang	,, 仰		
Siao Wang-tche	,, 望之	Précepteur impérial *T'ai-fou* 107-47 av. J.C.	太傅
Siao Yu	,, 育	Mandarin du premier degré, *Koang-lou ta-fou*	光祿大夫
Siao chao	,, 紹	Censeur du 1er degré, *Yu-che-tchong-tch'en*	御史中丞
Siao Hong	,, 閎	Officier de grand mérite, *Koang-lou hiun*	光祿勳
Siao Tch'an	,, 闡	Préfet de *Tsi-ing*, *Tsi-ing-t'ai-cheou*	濟陰太守
Siao Ping	,, 氷	Préfet de l'ancien *Sou-tcheou*, *Ou-kiun t'ai-cheou*	吳郡太守
Siao P'ao	,, 苞	Ministre du prince de *Tchong-chan*	中山相
Siao Tcheou	,, 周	Docteur, *Pouo-che*	博士
Siao Kiao	,, 矯	Sous-préfet de *Ché-k'ieou*, *Ché-k'ieou-tchang*	蚍丘長
Siao K'oei	,, 逵	Assistant dans une préfecture, *Tcheou-ts'ong-che*	州從事
Siao Hieou	,, 休	Licencier, *Hiao-lien*	孝廉
Siao Pao	,, 豹	Préfet en second de *Koang-ling* (*Yang-tcheou*)	廣陵郡丞
Siao I	,, 裔	Mandarin *T'ai-tchong ta-fou*	太中大夫
Siao Tcheng	,, 整	Sous-préfet de *Hoai-ing*, *Hoai-ing-ling*	淮陰令
Siao Hia	,, 鍇	Préfet de *Tsi-ing*, *Tsi-ing t'ai-cheou*	濟陰太守
Siao Fou-tse	,, 副子	Second assistant dans une préfecture, *Tcheou-tche-tchong*	州治中
Siao Tao-se	,, 道賜	Préfet de la bibliothèque de *Nan-t'ai*, *Nan-t'ai-tche-chou*	南臺治書
Siao Choen-tche	,, 順之	Père de *Liang Ou-ti*, (1)	

(1) On verra dans ce livre toute la série de ses mandarinats et le dernier honneur que lui conféra son fils après sa mort même.

CHAPITRE V.

TABLEAU DE TOUS LES MEMBRES DE LA FAMILLE SIAO.

Voir la feuille photolitographique en regard.

Le *Yu-ting li-tai ki-che nien-piao* 御定歷代紀事年表 (kiuen 52 fol. 1,2) donne une liste généaologique de la dynastie des *Liang*.

Cette liste est claire dans l'ensemble. Les noms soulignés sont ceux des personnes dont les tombeaux ont résisté à l'émiettement des siècles et subsistent encore.

La liste contient les noms des membres de la famille *Siao* 蕭 depuis le père de l'empereur *Liang Ou ti* jusqu'à l'extinction de la dynastie des *Liang* Postérieurs 後梁 à *Kiang-ling* 江陵 *(Hou-pé)* (587 P. C.) (cf. Synchronismes chinois p. 226, année 502 et sqq. p. 243, année 555 à 587).

Tableau généalogique

de la famille Siao

depuis le père de l'Empereur Leang Ou-ti jusqu'à l'extinction finale des Leang Postérieurs (vers 464 à 587 P. C.)

Tchang-tche, marquis …

Choen-tche, …

Fong-tche, …

Hoei, prince de …

Yen, Empereur …

Wei, prince de …

Yuen-ti, Empereur …

CHAPITRE VI.

LISTE DES MONUMENTS DE LA FAMILLE SIAO.

Il y en a 12. L'un d'eux, il est vrai, appartient à cette branche des *Siao* qui régna sous le nom dynastique de *Ts'i* 齊; les onze autres appartiennent tous à cette famille *Siao* 蕭, qui, après les *Ts'i* occupa le trône sous le nom de *Liang* 梁.

Ces tombeaux se complètent heureusement, en sorte qu'une étude d'ensemble permet de rétablir sans peine ce qu'étaient l'ordonnance et la forme d'un tombeau princier à cette époque (5e et 6e siècles).

Tombeaux aux environs de Tan-yang 丹 陽 :

1. Celui de *Siao Tché* 蕭 賾, empereur *Ts'i Ou-ti* 齊 武 帝 (483-493) à *Ho-hoa t'ang* 荷 花 塘 25 li N.E. de la ville de *Tan-yang*.
2. Celui de *Siao Choen-tche* 蕭 順 之, père de *Liang Ou-ti*, honoré du titre posthume, empereur *T'ai-tsou Wen hoang-ti* 太 祖 文 皇 帝, à l'est du tombeau de *Ts'i Ou-ti*, à une distance de 300 mètres. C'est de ce tombeau que nous allons d'abord faire, dans le présent fascicule, une étude spéciale.
3. Celui de *Siao Yen* 蕭 衍 empereur *Liang Ou-ti* (502-549) à l'est du tombeau de *Siao Choen-tche*, à une distance de 200 mètres.
4. Celui de *Siao Kang* 蕭 綱, empereur *Liang Kien-wen ti* 梁 簡 文 帝, à *Ling-k'eou* 陵 口, ou bien *Siao-t'ang* 蕭 塘, 20 li au Sud-Est de *Tan-yang*, au Sud-Ouest de la gare de *Ling-k'eou* 陵 口.

Tombeaux aux environs de Nankin :

5. Celui de *Siao Hong* 蕭 宏, frère de *Liang Ou-ti*, prince de *Lin-tch'oan* 臨 川 王, en dehors de la porte *Sien-ho men* 仙 鶴 門 à 25 li Nord-Est de *Nankin*.
6. Celui de *Siao Sieou* 蕭 秀, frère de *Liang Ou-ti*, prince de *Ngan-tch'eng* 安 成 王, à *Kan-yu hiang* 甘 圩 鄉, ou *Kan-kia hang* 甘 家 巷, en dehors de *Yao-fang men* 姚 坊 門 à 37 li, N.E. de *Nankin*, près de la gare du chemin de fer *Yao-hoa men* 堯 化 門.

7. Celui de *Siao Tan* 蕭憺, frère de *Liang Ou-ti*, prince de *Che-hing* 始興王, à *Hoang-tch'eng ts'uen* 黄城村, 36 li N. E. de *Nankin*, près de la porte *Yao-hoa men*, en deça du tombeau de *Siao Sieou*.

8. Celui de *Siao King* 蕭景, cousin de *Liang Ou-ti*, marquis de *Ou-p'ing* 吳平侯, à 35 li N E. de *Nankin*, près de la gare de *Yao-hoa men*.

9. Celui de *Siao Hoei* 蕭恢, frère de *Liang Ou ti*, prince de *Pouo-yang* 鄱陽王, à 36 li N. E. de *Nankin*, tout près du tombeau de *Siao Tan*.

10. Celui de *Siao Tsi* 蕭績, 4e fils de *Liang Ou-ti*, prince de *Nan-k'ang* 南康王 à *Che-che han* 石獅干, 80 li au S.E. de *Nankin*.

11. Celui de *Siao Tcheng-li* 蕭正立, fils de *Siao Hong*, neveu de *Liang Ou-ti*, marquis de *Kien-ngan* 建安侯, à *Choen-hoa tchen* 淯化鎮, 35 li Sud-Est de *Nankin*.

12. Celui de *Siao Ing* 蕭暎, fils de *Siao King*, marquis de *Sin-yu* 新渝侯, près *Choen-hoa tchen*, 33 li S.E. de *Nankin*.

N.B. La distance des li 里 entre les villes et les emplacements des tombeaux n'est qu'approximative selon l'affirmation des indigènes.

CHAPITRE VII.

Siao Choen-tche 蕭順之.

§ I. SON HISTOIRE.

Siao Choen-tche 蕭順之 eut pour père *Siao Tao-se* 蕭道賜; il était cousin éloigné de l'empereur *Ts'i Kao-ti* 齊高帝 (479-483). On ne sait pas exactement la date de sa naissance.

D'après les annales des *Ts'i* méridionaux (1), en l'année 490, *Siao Tse-hiang*, prince de *Pa-tong* 巴東王子響 se révolta. L'empereur *Ts'i Ou-ti* 齊武帝 (483-493) chargea *Siao Choen-tche*, alors préfet de la capitale *Tan-yang* 丹陽, le Nankin actuel, de diriger une expédition contre le prince rebelle. L'expédition fut couronnée de succès ; peu après, *Siao Tse-hiang* fut tué.

Ce n'était pas la première fois que *Siao Choen-tche* se rendait utile à la dynastie. A en croire les annales des *Liang* (2) *Siao Choen-tche* avait beaucoup contribué à faire monter les *Ts'i* sur le trône. Ainsi reçut-il d'eux les titres les plus pompeux : ministre assistant l'empereur 參預佐命, marquis de *Lin-siang hien* 臨湘縣侯, successivement ministre, du titre de *Che-tchong* 歷官侍中, commandant des gardes du corps 衛尉, précepteur du prince héritier 太子詹事, général en chef 領軍將軍, préfet de la Capitale 丹陽尹. La gloire le poursuivit jusque dans la tombe ; après sa mort, il reçut le titre de général pacificateur du Nord 贈鎮北將軍.

La date de sa mort est ignorée. Cependant on lit dans les annales des Liang (3) ; *Siao Yen* 蕭衍 dut quitter ses fonctions, à cause de la mort de son père, au début de la période *Long-tch'ang* 隆昌, (以皇考艱去職,隆昌初... 服闋). C'était donc vers 492.

En 502 à la première lune, il fut honoré du titre de grand ministre 侍中丞相; les mérites de son fils *Siao Yen* 蕭衍, le futur *Liang Ou-ti* 梁武帝 lui valaient ce nouvel honneur posthume. La

(1) 南齊書 k. 3, fol. 11.

(2) 梁書 k. 1, fol. 1.

(3) 梁書 k. 1, fol. 1.

(4) 梁書 k. 2, fol. 2. 追尊皇考爲文皇帝, 廟曰太祖, 皇妣爲獻皇后.

même année le 22 de la 4e lune (20 Mai 502 ap. J. C.) *Siao Yen* devenu empereur, honorait tous ses ancêtres et conférait à son père le titre de *Wen hoang-ti* 文皇帝 : il lui bâtit un temple et le nomma grand chef de la dynastie 太祖.

La femme de *Siao Choen-tche,* était d'une famille *Tchang* 張, et s'appelait *Chang-jeou* 尙柔. Elle mourut en 471, sous les *Song* 宋, et fut enterrée à l'endroit même où devait plus tard être déposé près d'elle, le cercueil de son mari. Son fils *Liang Ou-ti,* devenu empereur, lui donna le titre de *Hien Hoang-heou* 獻皇后 (1).

(1) cf. 至順鎭江志, k. 12, fol. 9.

§ II. PIÉTÉ FILIALE DE LIANG OU-TI.

Voici ce que dit l'annaliste des *Liang* (1), qui évidemment se croit le droit d'embellir quelque peu les faits.

«L'empereur *Kao-tsou (Liang Ou-ti)* avait été doué par la nature «d'une piété filiale très profonde. Agé de six ans, quand il perdit «sa mère, l'Impératrice *Hien hoang-t'ai-heou* il s'interdit en signe «de deuil toute nourriture délicate. Pendant trois jours, rien que des «lamentations, des larmes, une affliction excessive. A la mort de «son père, l'Empereur *Wen hoang-ti (Siao Choen-tche)*, il était con-«seiller du prince *Soei (Siao Tse-long* 蕭子隆*)* des *Ts'i* 齊, dont la «cour se trouvait à *King tcheou* au *Hou-pé*. Avant même que la tris-«te nouvelle fût confirmée, à peine l'eut-il apprise, il quitta charge «et procès et fila comme une étoile. Sans sommeil, ni nourriture, il «doubla les étapes. La fureur des vents et les dangers de la tempête ne «furent rien pour lui : il ne s'arrêta pas un instant. *Kao tsou* avait «toujours été d'un physique prospère. Revenu à la capitale de l'em-«pire *(Nankin)* où son père était mort, il devint maigre à faire peur, «et n'était plus qu'un squelette. Ni ses proches, ni ses parents, ni «ses collègues, ni ses amis ne le pouvaient plus reconnaître. A la vue «de la demeure où reposait la dépouille mortelle de son père il s'éva-«nouit, et longtemps resta inanimé. A chaque lamentation il cra-«chait plusieurs *Chen* 升 de sang (2). Durant son deuil, il s'abstint «de riz. Il se contentait de farine d'orge et ne s'en accordait pas «plus de deux *I* 溢 (3) par jour. A la visite rendue au tombeau de «son père, là où tombaient ses larmes et le sang qu'il vomissait, les «plantes et les arbres s'attendrirent au point que leurs feuilles en «changèrent de couleur».

---

(1) Cf. 梁書 k. 3, fol. 20. 高祖生知淯孝,年六歲,獻皇太后崩,水漿不入口,三日哭泣,哀苦有過.....及丁文皇帝憂,時爲齊隨王諮議,隨府在荆鎭,髣髴奉聞,便投劾星馳,不復寢食,倍道就路,憤風驚浪,不暫停止,高祖形容本壯,及還京都,銷毀骨立,親表士友不復識焉,望宅奉諱,氣絕久之,每哭輒歐血數升,服內不復嘗米,惟資大麥,日止二溢,拜掃山陵,涕淚所灑,松草變色.

(2) 升 *Chen*, mesure pour le riz d'une contenance d'un peu plus d'un litre.

(3) 溢 *I* moitié du *Chen*.

Devenu empereur, il put manifester les mêmes sentiments avec plus de magnificence. En 544, à la troisième lune, le jour *Kia-ou* 甲午 (10 de la 3e lune, 17 avril) l'empereur *Liang Ou-ti* alla à *Lan-ling kiun* 蘭陵郡 (actuellement *Tan-yang*). Il visita le tombeau de son père *Siao Choen-tche*, appelé *Kien-ning ling* 建甯陵. (1).

Alors se renouvelèrent, c'est du moins ce qu'affirment les Annales de *Tchen-kiang* (2), les phénomènes des premiers jours et d'autres encore: «des nuages violets couvrirent le tombeau pendant la durée «d'un repas, et se dissipèrent. L'empereur pleura et les herbes «arrosées des larmes impériales changèrent de couleur. Il existait «à côté du tombeau une source tarie; à ce moment, il jaillit une «eau pure et odoriférante.» Les Annales ont uni dans leur récit l'histoire et la légende. Huit jours après, 18 de la 3e lune, 25 avril, il vient voir le tombeau, appelé *Sieou ling* 修陵, où il avait enterré sa femme l'Impératrice et qu'il se destinait à lui-même.

Et le lendemain (19 de la 3e lune, 26 avril 544) l'empereur publia le décret suivant: «Voici plus de cinquante ans que nous avons «quitté notre patrie. Dirigeant souvent nos regards vers l'Est, pas «un jour ne se passe que nous ne songions à elle. Maintenant que «de tous les pays voisins, on vient frapper à notre porte; maintenant «que les habitants d'au de là de la mer sont calmes; que les crimes et «les accusations sont un peu moins fréquents, les affaires gouvernemen-«tales nous laissent un peu de loisir. Ainsi pouvons-nous commencer à «rendre aux tombeaux de nos ancêtres les honneurs qui leur sont dus. «Cependant nous ne saurions réprimer un sentiment de tristesse mêlée «de joie. Nos compatriotes, grands et petits viennent de loin vers «nous en rangs serrés. Ils viennent avec un visage affectueux et une «complète sincérité comme à leur père commun. Il est de notre «devoir de trouver de quoi consoler leurs cœurs. Aussi de notre «plein assentiment nous élevons d'un degré tous ceux qui sont en

---

(1) (cf. 梁書 k. 3 fol. 15) 三月甲午,輿駕幸蘭陵,謁建甯陵,辛丑至修陵. On voit ici une variante entre le nom de *Kien ling* et celui de *Kien-ning ling*.

(2) cf. 至順鎮江志, k. 12, fol. 10. 大同十年,武帝駕幸蘭陵,有紫雲蔭覆陵上,食頃,乃散,帝望陵流涕,所霑草皆變色,陵旁有枯泉,至是流水香潔.

«charge ou jouissent de quelque dignité. De plus nous leur accordons «d'autres faveurs. Les sous-préfectures situées le long de notre «passage ne paieront pas l'impôt de la présente année. Le territoi-«re, où s'élève le tombeau de nos ancêtres, est dispensé de tout impôt «durant deux ans. De plus, nous distribuons à tous les employés «de l'intérieur et de l'extérieur, officiers ou mandarins de la gauche «ou de la droite, à tous, nous distribuons des sapèques et du riz «selon leur degré (1)».

Parfois, aux heures de loisir, l'empereur aimait à revenir sur ces souvenirs de deuil, et la persévérance de son amour lui inspirait des compositions où se reconnaissent l'émotion du fils et le talent du littérateur. Voici un extrait rythmé, dans le genre dit *Se-lou* 四六 (2).

«Je pense au temps qui passe rapide (comme le cheval au galop) aperçu à travers une fissure (3)».

«Je m'attriste (en voyant) les eaux du fleuve qui s'en vont sans s'arrêter (4)».

---

(1) cf. 梁書 k. 3 fol. 15. 壬寅詔曰,朕自違桑梓.五十餘載,乃眷東顧,靡日不思,今四方欵關,海外有截,獄訟稍簡,國務小閒,始獲展敬園陵,但增感慟,故鄉老少.接踵遠至,情貌孜孜,若歸於父,宜有以慰其此心,並可錫位一階,幷加頒賚,所經縣邑,無出今年租賦,監所責民蠲復二年,並普賚內外從官軍主左右錢米,各有差.

(2) Cf. Collection 古香齋初學記 Vol. 7: 梁武帝孝思賦. La pièce entière est dans la collection 漢魏六朝百三家梁武帝集. fol 9.

(梁武帝孝思賦)

念過隙之倏忽, 悲逝川之不停,
踐霜露而悽愴, 懷燧(al. 檖)穀而涕零,
掩此哀而不去, 亦靡日而弗思,
仲由念枯魚而永慕, 虞邱感風樹而長悲,
雖一至而捨生, 奉二親而何期.

(3). Le texte complet de l'allusion porte 白駒過隙, Cf. *Che-ki* 史記留侯世家.

(4). Cf. *Luen-yu* 論語, k. 5, 子罕. 子在川上,曰,逝者如斯夫,不舍晝夜. Zott. II. p. 274.

«Foulant aux pieds un sol humide de givre ou de rosée (1). j'ai une tristesse poignante».

«Je me rappelle les vêtements, (2) les mets, à fournir aux morts, et mes larmes coulent».

«Ainsi *Tchong Yeou* en pensant aux poissons secs (que pauvre il donnait à sa mère) perpétuait sa tristesse affectueuse».

«Ainsi *Yu K'ieou*, ému (à la vue) des arbres agités (malgré eux) par le vent, sans cesse se désolait».

«Si même comme mes parents je perdais la vie, quelle espérance me reste-t-il de pouvoir encore leur offrir mes services ?».

---

(1) Cf. *Li-ki* 禮記, chap. 祭義：霜露既降,必有悽愴之心. Zott. III. p. 718.

(2). Cf. *Yeou-hio* 幼學, Chap. 疾病死喪,以衣斂死者之身,謂之襚. Dans le texte complet, on lit. 燧 Cf. alors *Luen-yu* Zott. II. p. 348. 新穀既升,鑽燧改火.

§ III. ASPECT D'ENSEMBLE DU MONUMENT.

RECONSTITUTION.

La gravure ci-jointe montre le monument tel qu'il était alors que *Liang Ou-ti* l'éleva à la mémoire de son père, il y a de cela 1400 ans. L'inspection des pièces qui subsistent et la comparaison avec d'autres pièces sur des tombeaux de la même famille et de la même époque rendent la reconstitution facile.

Au milieu, une allée large de 17 mètres (1). Des deux côtés, au premier plan les chevaux ailés. Puis 19 mètres plus loin les colonnes cannelées, enfin, à 6 mètres des colonnes, les tortues porte-stèles.

L'orientation de l'allée centrale est est-ouest, fait qui peut surprendre. Au bout de cette allée, au delà des tortues, était le chemin voûté *(Soei-tao* 隧道*)* qui donnait accès au tombeau, enfin le tombeau lui-même.

TOMBEAU DE SIAO CHOEN-TCHE. RECONSTITUTION.

(1). Toutes les mesures que nous donnons sont assez approchées, sans prétendre cependant à une très rigoureuse exactitude.

§ IV. MONUMENTS DU TOMBEAU DE SIAO CHOEN-TCHE

D'APRÈS LES ANNALES ET LES CHRONIQUES DU PAYS.

(voir la photogravure en regard)

Date de l'érection du tombeau.

Le tombeau est situé à 25 li au N. E. de la sous-préfecture de *Tan-yang* 丹 陽, à l'est de la sous-préfecture de *Ou-tsin* 武 進, à l'endroit nommé *San-tch'eng* 三 城, sur la colline *Tch'eng-li* 城里山. C'est *Liang Ou-ti* devenu empereur, qui donna à la tombe le nom de *Kien-ling* 建 陵 (1).

La date de la construction des deux *K'i-lin* 麒 麟, des deux tortues et des deux colonnes cannelées, qu'on voit encore à *Tan-yang* 丹 陽, n'est pas exactement connue.

Dans les *Liang-chou* 梁 書, on lit qu'en 508, à la 6° lune, le jour *Sin-yeou* 辛 酉, l'Empereur remit les impôts et les corvées aux habitants voisins des tombeaux *Kien-ling* 建 陵 et *Sieou-ling* 修 陵, dans un rayon de 5 li, 六 月 辛 酉 復 建 修 二 陵 周 五 里 内 居 民. Puis l'Empereur changea le titre *Kien* 監 du préposé à la garde des deux tombeaux, en celui de *ling* 令, titre égal à celui d'un sous-préfet 改 陵 監 爲 令.

D'après ce texte le tombeau de *Siao Choen-tche* existait avant 508. Comme nous l'avons dit, la mort de *Siao Choen-tche* arriva vers 492 ou 493 lorsque *Liang Ou-ti* n'était que conseiller du prince *Soei* de la dynastie des *Ts'i* à *King-tcheou* (Hou-pé). Mais *Siao Yen* 蕭 衍 devint, en 502 à la 4e lune, souverain de l'empire du Sud.

Vraisemblablement il fit alors embellir le tombeau de son père à *Tan-yang*. Plaça-t-il, dès 502, les 2 *K'i-lin*, les 2 tortues et les 2 colonnes cannelées ? on ne saurait l'affirmer.

Selon les *Yu-ti-tche* 輿 地 志 (2) cités par le *Koang-siu Tan-yan hieng-tche* 光 緒 丹 陽 縣 志 (k. 12 fol. 2 et 3), ce ne serait

---

(1) cf. 至 順 鎭 江 志 k. 12, fol. 9, et 10.

(2) Nous n'avons pu consulter cet ouvrage *Yu-ti tche* 輿 地 志. Ce texte cité par le *Koang-siu Tan-yang hien-tche* 光 緒 丹 陽 縣 志 avait été déjà cité par les chroniques de *Tchen-kiang* publiées vers 1330-1333 k. 12, fol. 9 et 10. Dans le *K'ien-long Kiang-nan t'ong-tche* 乾 隆 江 南 通 志 k. 39, on cite le même texte du *Yu-ti-tche*. Tous ces chapitres eux-même sont justement intitulés : *Yu-ti-tche* 輿 地 志.

Monument actuel du tombeau de Siao Choen-tche. p. 42, 70.

«qu'en 535 que les *K'i-lin* sculptés à *King-k'eou* 京口 (*Tchen-kiang*), «furent transportés à l'emplacement du tombeau. Le transport «de ces animaux gigantesques fut très pénible surtout en passant le «vallon de *K'iu-ngo* 曲阿». Sur la fin du voyage, à en croire le «narrateur, les choses allèrent plus aisément. «Arrivés à une ving-«taine de pas du tumulus, soudain les *K'i-lin* s'avancèrent d'eux-«mêmes et comme par bonds. Tout le monde vit dans ce phéno-«mène un excellent présage. Seul l'empereur fut mécontent. De «fait dans la suite des temps *Liang Ou-ti* eut à subir la révolution «de *Heou King* 侯景 (548-549)». Le même écrivain du *Kien-«k'ang che-lou* 建康實錄 (1) et les Annales de la dynastie des *Soei* «隋書 ajoutent qu'en 546 (中大同元年) les *K'i-lin* du tombeau «*Kien-ling* 建陵 s'agitèrent une fois encore» (2).

(1) Il a paru une nouvelle édition des *Kien k'ang che-lou* 建康實錄 (1902, *Nan-kin* famille *Kan* 甘), en quatre volumes et en 20 *Kiuen*, selon l'ancien format des *T'ang* 唐 par l'auteur *Hiu Song* 許嵩.

(2) 輿地志云,梁大同元年,作石麒麟,自京口,由曲阿中邱至陵所,甚難,近陵二十餘步,忽如躍走,時以爲瑞,帝不悅,終有侯景之亂,按建康實錄及隋志,曲附建陵隧口麟起舞,皆在大同十二年.

§ V. MONUMENTS DU TOMBEAU DE SIAO CHOEN-TCHE D'APRÈS LES ARCHÉOLOGUES.

Les monuments à travers les âges.

I. *Ngeou-yang Sieou* 歐陽修 (1007-1072).

Cet archéologue est à notre connaissance le premier à avoir parlé du tombeau de *Siao Choen-tche*, sans le connaître exactement. Sur de fausses indications il l'a pris pour le tombeau de *Song Wen ti* 宋文帝 (424-454), non sans beaucoup d'hésitation cependant.

Il nous donne le texte des inscriptions, dans son *Tsi-kou lou pa-wei* 集古錄跋尾 (voir cet ouvrage k. 4, article sur le *Song Wen ti Chen-tao pei* (宋文帝神道碑) fol. 11 et 12.

Voici la discussion qu'il fait, au point de vue archéologique, du monument. Nous la traduisons en entier. (1).

"Inscription qui orne la voie de l'esprit de l'Empereur *Song Wen ti*". "(Sans date, caractère *Yuen* n° 449)".

«A droite, (i. e. ci-devant) vous avez l'inscription de l'empereur «*Song Wen ti*. En tout il y a huit caractères sans aucun commentaire. «Les caractères ont été gravées dans le seul but de prouver l'identité «devant la postérité. Les anciens inscrivaient sur les pierres sépul-

宋文帝神道碑

歲月闕 元第四百四十九

右宋文帝神道碑、云、太祖文皇帝之神道、凡八大字、而別無文辭、惟以此爲表識爾、古人刻碑、正當如此、而後世鐫刻功德爵里世繫、惟恐不詳、然自後漢以來、門生故吏相與立碑頌德矣、余家集古所錄、三代以來、鐘鼎彝盤、銘刻備有、至後漢以來、始有碑文、欲求前漢時碑碣、卒不可得、是則冢墓碑、自後漢以來始有也、此碑無文、疑非宋世所立、蓋自後漢以來碑文、務載世德、宋氏子孫、未必能超然獨見、復古簡質、又南朝士人、氣尙卑弱、字書工者率以纖勁清媚爲佳、未有偉然巨筆如此者、益疑後世所書、按宋書、文帝爲元兇劭所弑、初諡曰景、廟號中宗、孝武立、改諡曰文、號太祖、其墓曰、長陵寧也、治平元年、三月十六日書、右眞蹟

(1). Cf. la collection du *San-tch'ang-ou tsai ts'ong-chou* 三長物齋叢書 vol. 30. 集古錄跋尾 fol. 11 et 12.

«crales de ces inscriptions laconiques. Mais dans la suite on y ajou-«ta mérites, vertus, dignités, patries et généalogies, semblant crain-«dre encore de n'être pas d'une assez minutieuse clarté. Cependant «cet usage ne date que de la dynastie des *Han-Postérieurs*. Dès lors «disciples et anciens collègues d'un défunt se disputaient l'honneur «d'élever des stèles, et d'y célébrer les vertus du mort. Dans la col-«lection archéologique de notre famille nous possédons presque tous «les genres d'objets anciens depuis les premières dynasties : cloches, «trépieds, coupes rares. Tous ces objets ont quelques inscriptions. «A partir des *Han-Postérieurs* commencent les inscriptions sépulcra-«les. Malgré nos efforts pour en découvrir d'autres, datant au moins «des *Han-Antérieurs* nous n'avons pu y réussir. Par conséquent «les stèles sépulcrales ne remontent pas au delà de la dynastie des «*Han-Postérieurs*. (25 av. J.C.—220 ap. J.C.). L'inscription qui nous «occupe n'a pas de textes explicatifs ; aussi hésitons-nous à la dater «de la dynastie des *Song*. Car les textes explicatifs des stèles pos-«térieures aux *Han* ont pour but unique de noter les vertus de la «famille. Il nous paraît peu probable que les descendants des *Song* «aient pu se distinguer ainsi par un retour à la simplicité brève des «anciens. De plus les lettrés des dynasties méridionales étaient ani-«més d'une tendance à se contenter de caractères petits et délicats. «Les habiles calligraphes excellaient pour la plupart dans l'écriture «fine, nerveuse, claire et gracieuse. Il n'y avait pas de grands «coups de pinceau comme ceux qu'on remarque sur cette inscription. «Toutes ces caractéristiques nous rendent plus perplexe, si bien que «l'inscription qui nous occupe nous paraît postérieure aux *Song*. «D'après les annales (*Song-chou* 宋書) *Wen ti* fut tué par *Yuen-«Hiong-chao*. Son nom posthume fut d'abord *King* 景 et son nom «de temple *(Miao-hao)* fut *Tchong-tsong*.

«L'Empereur *Hiao Ou ti* (454-465), une fois monté sur le trône, «changea le nom posthume en celui de *Wen* 文, et le *Miao-hao* en «celui de *T'ai-tsou* 太祖. Le tombeau de *Wen-ti* s'appela *Tch'ang-«ning ling* (1). Ecrit le 16e jour de la 1ère lune de *Tche-p'ing* (ce «qui est à droite, est une copie authentique)».

(1). C'est vraiment le nom du Tombeau de *Song Wen ti* à *Nankin*. D'après cette indication, *Ngeou-yang Sieou* aurait dû se tenir en garde et ne pas attribuer à un tombeau de *Nankin* des décalques provenant de *Tan-yang*.

L'erreur de *Ngeou-yang Sieou* s'explique ainsi. Il n'avait pas, semble-t-il, vu le monument ; il dissertait sur de simples décalques ; les noms d'ailleurs le mettaient mal en garde : *Siao Choen-tche* et *Song Wen-ti* avaient le même titre posthume 文皇帝, même nom de temple 太祖 (1).

Faute d'inspection faite sur les lieux, d'autres archéologues se sont, en dépit de leur savoir, trompés de la même manière. Ainsi *Wang Tch'ang* 王昶, nommé aussi *Lan-ts'iuen* 蘭泉, a fait des trois tombeaux de *Siao Sieou* 蕭秀, *Siao Tan* 蕭憺, et *Siao King* 蕭景, un seul tombeau qui aurait été celui de *Siao Tan* (2).

L'erreur de *Ngeou-yang Sieou* a été signalée par *Mo Yeou-tche* 莫友芝 qui découvrit les stèles en 1869. Ajoutons que *Ngeou-yang Sieou* se montrait du moins bon connaisseur, en inclinant à attribuer la stèle à une époque postérieure aux *Song*.

II. *Lou Yeou* 陸游 (1125-1209).

Voici cette fois le récit d'un voyageur qui, lui, a vu le monument de ses yeux. C'est *Lou Yeou*, qui naquit environ 50 ans après la mort de *Ngeou-yang Sieou* (3). «J'ai visité le tombeau de l'Em«pereur *Song Wen-ti* (424-454) ; les chemins sont encore très larges: «les colonnes de pierre, les vases qui recueillent la rosée, les *K'i-lin* «et les *P'ié-sié* etc. existent encore. Sur la colonne il y a huit «caractères: *T'ai-tsou-wen-hoang-ti tche chen-tao*, chemin de l'esprit «de l'empereur *T'ai-tsou Wen-hoang ti*. De plus je suis allé voir «le tombeau de *Liang Weng ti* (celui-ci fut le père de *Ou ti*). Il y

---

(1) Le tombeau de *Song Wen-ti* est à *Tsiang chan* 蔣山, nommé aussi *Tse-kin chan* 紫金山 (mont St. Michel, à *Nankin*, alias 鍾山). Il reste encore du tombeau de *Song Wen ti*, deux animaux en pierre : l'un est debout près de la porte *K'i-lin men* 麒麟門, à gauche du chemin (15 ly en dehors de la porte *Tch'ao yang ming* 朝陽門 de *Nankin*) et l'autre, dit-on, est à droite, au fond d'un étang.

(2) Cf. *Kin-che ts'oei pien* 金石萃編. k. 26 fol. 17 à 45.

(3) Cf. ses Souvenirs d'un voyage au *Se-tch'oan* 入蜀記, *kiuen* 1, *fol.* 8, édition de la collection du 知不足齋叢書 vol. 17. 余頃嘗至宋文帝陵,道路猶極廣,石柱承露盤及麒麟辟邪之類,皆在,柱上刻太祖文皇帝之神道八字,又至梁文帝陵,文帝武帝父也,亦有二辟邪,尚存其一,爲藤蔓所纏,若繫縛者然,陵已不可識矣.

«a aussi deux *P'ié-sié*. Un subsiste encore entouré plantes grim-«pantes, comme d'autant de liens. Le monticule n'est plus recon-«naissable».

Lou Yeou reproduit donc l'erreur de *Ngeou-yang Sieou*. Il prend le tombeau de *Siao Choen-tche* pour celui de *Song Wen-ti*. Au moins savons-nous à peu prés par lui en quel état était le monument, environ 600 ans après son érection.

La fin de la phrase contient une autre erreur. Le voyageur prend pour le tombeau de *Siao Choen-tche*, peut-être le tombeau nommé *Hing-ngan ling* 興 安 陵 de l'empereur *Ts'i Ming-ti* 齊 明 帝, situé à un li au sud des stèles qui nous occupent (1).

III. *L'auteur anonyme des chroniques de Tchen-kiang* (1331-1333).

Venant après le précédent à quelque 100 ans de distance, cet auteur pouvait nous apporter des indications précieuses, s'il avait été bien renseigné. Par malheur, il n'a évidement pas fait d'enquête personnelle, et comme plusieurs annalistes officiels, il n'a fait que compulser et copier sans grande critique. Après avoir rapporté les prodiges fantaisistes qui signalèrent la visite de *Liang Ou-ti* au tombeau en 544, (cf. C. VII § II.), il affirme qu'au moment où il écrit, les deux tortues de pierre sont toujours là, mais que les deux colonnes ornées d'inscriptions se faisant face en caractères droits et inverses, n'existent plus (2).

Or aujourd'hui encore elles sont là, bien visibles et nous en donnons des photographies (cf. phot. p. 42). Il n'avait donc pas visité les lieux.

Fera-t-on l'hypothèse qu'elles auraient été reconstruites à une date postérieure? Qui donc, si longtemps après la chute des *Liang*, auraient eu pareil souci et fait pareille dépense? Qui donc aurait eu cette audace, quand ont sait avec quelle insouciance mêlée de crainte superstitieuse les Chinois laissent les tombeaux dans l'état où ils se trouvent? Et comment toutes les rééditions des chroniques de *Tan-yang* (14e année de *Tcheng-té* 正德 1519, 3e année de *Long-*

(1). Cf. 丹陽縣志 k. 12, fol. 9.

(2). Cf. 至順鎭江志, k. 12, fol. 10. 字畫反正相對,今皆不存,惟兩石龜存焉.

k'ing 隆慶 1569, 22e année de *K'ang-hi* 康熙 1683, 15e année de *K'ien-long* 乾隆 1750, enfin 1885) se taisent-elles sur une entreprise si extraordinaire? L'hypothèse est inadmissible.

IV. *Mo Yeou-tche* 莫友芝.

Voici un archéologue de valeur; il avait évidemment tout pour lui, goût du métier, large information, recherche sérieuse. Nous lui devons de le citer mot à mot; tout ce qu'il dit est exact (1): «Entrée du tombeau *Kien-ling* des *Liang*. Ceci est la porte d'entrée «du tombeau *Kien-ling* de *Choen-tche*, père de *Liang Ou ti*. La «pierre où sont gravés des caractères de forme ordinaire, a été, nous «l'avons vu, signalée dans les *Tsi-kou lou* par *Ngeou-yang Sieou*. «Par erreur elle est mentionnée comme appartenant au tombeau de «*Song Wen ti*. Cette erreur a été rectifiée par *Wang Siang-tche*. «A partir des *Song* cette pierre fut perdue (inconnue des archéolo-«gues). La pierre qui porte des caractères à l'envers, c'est moi qui «la découvris au printemps de la 8e année de *T'ong-tche* (1869). «A cette même époque me manquaient encore les trois caractères «*T'ai-tsou Hoang* 太祖皇 gravés en la forme ordinaire. Mr *Pao* «*Koang* de *Leou-yang* (probablement nom littéraire de la sous-pré-«fecture *Leou* 婁, dépendant de *Song-kiang fou* dans le *Kiang-sou*) «à force de recherches les a retrouvés: ils sont conformes aux autres «caractères. Le jour *Sin-mao*, à la 9e lune, en l'automne de la 9e «année (le 22 Octobre 1870)».

Ainsi, en 1869, la pierre aux caractères droits était brisée et une des parties gisait sans attirer l'attention.

V. *Les Chroniques de Tan-yang*, publiées en 1885.

Elles n'ajoutent presque rien à ce que nous savons par les narrateurs précédents, et ne font que constater à leur tour que l'inscription droite a été brisée, par la foudre, ajoutent-elles. Le fragment

(1) Voir l'ouvrage de *Mo Yeou-tche: Song-yuen Kieou-pen-chou King-yen lou* 宋元舊本書經眼錄 (cf. le supplément k. 2 fol. 6):
梁建陵闕　此梁武帝父順之陵闕也,其正刻一石,見歐陽修集古錄,而誤屬宋文帝,王象之已爲舉正,宋以後遂逸,此刻一石,同治八年春,友芝始幷訪獲,猶逸正刻太祖皇三字,婁陽葆光乃蒐出合之,九年烁九月辛卯題記.

séparé git à quelques *Meou* 畝 de distance. Une des colonnes est brisée aussi et laisse voir la couleur vraie de la pierre, d'un beau rouge vif, comme de l'argile (1).

Résumons. Cinq cents ans environ après les *Liang*, les archéologues égarés prennent la tombe de *Siao Choen-tche* pour celle de *Song Wen ti*. Cependant toutes les pièces sont là, ou peu s'en faut ont dans leur ensemble, assez grand aspect.

Vers 1330, on connaît toutes les pièces, mais on affirme, sans enquête et à tort, que les 2 colonnes n'existent plus.

En 1869, *Mo Yeou-tche* 莫友芝 retrouve tout, bien que fort délabré, y compris un fragment d'inscription qui gît à bonne distance.

---

(1) 丹陽縣志. k. 12. fol. 2.

§ VI. ETAT ACTUEL DU MONUMENT.

A 25 li environ au N.E. de la ville de *Tan-yang* 丹陽 se trouve le petit bourg de *Ts'ien-kia miao* 錢家廟. C'est tout près de là, un peu au N.O., qu'est situé le tombeau de *Siao Choen-tche*. L'emplacement même du tombeau s'appelle l'étang des nénuphars, (*Ho-hoa-t'ang* 荷花塘) ; l'étang subsiste, mais aucun nénuphar n'orne plus la surface de l'eau.

La photographie reproduite ici date de Septembre 1898 (voir la photogravure en regard). Nous la devons au regretté P. Gaillard, bien connu des lecteurs des Variétés sinologiques. Il se plaça pour la prendre au sud-est du monument.

Au premier plan on voit les deux chevaux ailés (*K'i-lin*) renversés, au delà les deux colonnes ; plus loin encore sont les deux tortues, dont une seulement est bien visible sur la photographie.

Il y avait jadis tombe maçonnée, corridor voûté en briques (*soei-tao* 隧道) comme le suppose un texte cité (p. 43, note 2), monticule, le tout au delà des tortues porte-stèles. La comparaison eût été intéressante à faire avec les tombes impériales actuelles. Rien n'en subsiste dans les champs entièrement nivelés et les annales n'ont pas même signalé le mode ou l'époque de la disparition. Bien des caveaux d'empereurs, aux environs de *Nankin*, ont eu le même sort.

Dans les environs se trouve la pagode *Hoang-yé se* 皇業寺. Ce serait là, dit-on, le tombeau de l'empereur *Liang Ou-ti*. Les anciens chroniqueurs nous disent que, d'après une tradition sérieuse, le cercueil de ce monarque, si adonné au culte bouddhiste, a été enterré au-dessous de l'autel de Bouddha (1). Le bonze gardien de la pagode ne manque pas de répéter la même chose. Dans une étude postérieure, nous aurons, si nos loisirs le permettent, à traiter cette question, à propos de l'emplacement du tombeau de *Liang Ou-ti*.

---

(1) Cf. le 丹陽縣志 k. 12, fol. 3 art. 修陵, et le 至順鎮江志 k. 12, fol. 9.

Cheval ailé sur le tombeau de l'emp. Ts'i Ming ti tout près du tombeau de Siao Choen-tche. p. 51.

Tortue, porte-stèle sur le tombeau de Siao Choen-tche. p. 51.

Cheval ailé sur le tombeau de l'emp. Tch'en Ou ti à Che-ma tch'ong, 25 ly S. E. de Nanking.

Cheval ailé sur le tombeau de l'emp. Liang Ou ti à Tan-yang. p. 51.

Cheval ailé sur le tombeau de Siao Tsi à Che-che kan, près de Kiu-yong. p. 51.

§ VII LES TORTUES PORTE-STÈLES.

On les nomme *Pei-hi* 贔屭.

Ces *Pei-hi* seraient une espèce de tortues remarquables par leur force et pouvant, sur leur vigoureuse carapace, supporter des poids énormes ; c'est ce qu'indique le dictionnaire de *K'ang-hi*, 好負重. Aussi, ajoute-t-il, on donne la forme des *Pei-hi* aux tortues porte-stèles, 今石碑下龜趺象其形. Celles-ci mesurent 3m 50 de long, sur 1m 55 de large. Elles sont trop enfoncées en terre pour qu'on puisse prendre leur hauteur exacte. Leur forme est celle de toutes les tortues de l'époque. (Voir la photogravure en regard).

Jusqu'où remonte cet usage de donner le dos d'une tortue pour base à une stèle ? Bien probablement le rôle, quelque peu étrange, de la tortue dans l'art et dans la littérature chinose commence avec le fameux texte de livre des Mutations : "Du fleuve jaune est sorti un tableau, du fleuve Lo un livre." 河出圖,洛出書. En effet, c'est, d'après la tradition des anciens, en observant les linéaments visibles sur la carapace d'une tortue sortie du fleuve jaune que l'empereur *Fou-hi* 伏羲 (2953-2838) en vint à tracer les huits diagrammes, *Pa-koa* 八卦, origine féconde des multiples caractères, au dire des chinois. — Dès longtemps, la tortue a eu sa place dans l'art décoratif. Voici la reproduction d'un cachet qu'on dit remonter au temps des *Han* 漢 (206-24 av. J.C.) (1). Un peu plus tard, nombre de miroirs métalliques laissent voir, parmi les dessins qui les ornent, une tortue accompagnée d'autres animaux. Voici un exemple emprunté à la même collection de dessins antiques.

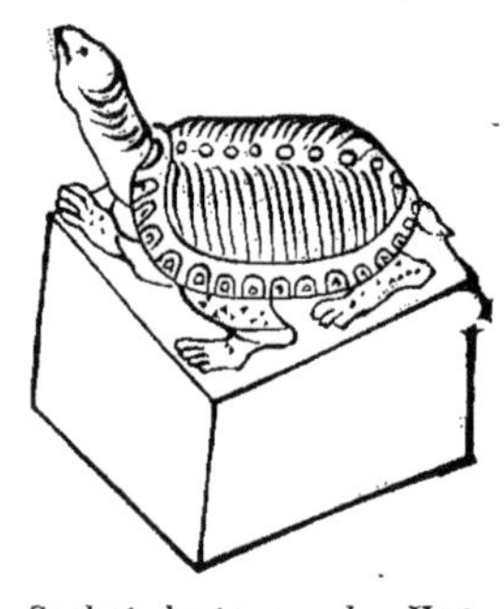

Cachet du temps des Han.

(1) Cf. 金石索,金索. vol. 3 fol 7.

MIROIR MÉTALLIQUE DE L'ÉPOQUE DES HAN.

On reconnaît sans peine un dragon, un tigre, un paon, et une tortue qu'enlace un serpent. Ce sont ces mêmes animaux qu'on trouve, au début du Li-ki, representés sur les bannières des soldats : en avant le paon rouge, en arrière la noire tortue, à gauche le dragon vert, à droite le tigre blanc (1).

Ils figuraient, d'après des commentateurs, des constellations célestes, et ont parfois été de ce chef appelés les 4 esprits 四 神, toutes les constellations étant autant d'esprits.

---

(1). 行,前朱鳥,而後玄武,左青龍而右白虎.

A la même époque des *Han*, alors que les cuivreurs dessinaient ces sujets sur leurs miroirs, les sculpteurs du *Se-tch'oan* les gravaient sur les stèles sépulcrales, et les auteurs qui les expliquaient (1) semblaient ne faire que reproduire le texte du Li-ki. Voici plus ; sous les *Han* encore, on voit des tortues prendre position à la base des stèles comme pour les supporter ; elles sont seules, larges comme la stèle, débordant même, mais elles sont encore sans relief, simplement gravées au bas et dans le plan de l'inscription. Voici, comme type, la stèle de *Pé-che chen-kiun pei* 白石神君碑, de 183 av. J.-C., conservée encore à *Yuen-che hien* 元氏縣, au *Tché-li* (2).

Stèle de Pé-che chen-kiun, à Yuen che hien (Tché-li).

(1) Cf. 金石圖說, vol. II, fol. 59.

(2). 左青龍,右白虎,上朱雀,下元武.

Mais on ne recontre, croyons-nous, aucune tortue, sculptée de toutes pièces, et portant une stèle, antérieure à l'époque des *Song* 宋 (420-479). Ce n'est donc, probablement que très peu avant les *Liang* que l'usage s'introduisit de sculpter d'immenses tortues, destinées à servir de base aux pierres tombales. Celle du tombeau de *Siao Choen-tche* serait donc une des premières de cette bande nombreuse qui plus tard devait prendre place dans les temples de Confucius, sur les tombeaux, le dos lourdement chargé d'inscriptions honorifiques. On peut suivre les modifications, assez insignifiantes, de leur forme, d'abord à la stèle *Ming-tchen kiun pei* 明徵君碑, conservée dans la pagode de *Si-hia chan* 棲霞山 (45 li au N.-E. de *Nankin)* et datée de 762 ap. J.-C., puis dans les monuments des *Yuen* 元 et des *Ming* 明.

Quant aux deux stèles, elles ont bien réellement existé ; les entailles rectangulaires sur le dos des tortues en sont la preuve. D'ailleurs nous en trouvons de semblables sur les tombeaux de *Siao Hong* 蕭宏, de *Siao Sieou* 蕭秀 et de *Siao Tan* 蕭憺, tous trois, fils de *Siao Choen-tche*, et frères de *Liang Ou ti*. Mais ici les deux stèles ont totalement disparu, et aucun livre, à notre connaissance n'en a reproduit les inscriptions.

§ VIII. LES CHEVAUX AILÉS.

Ce nom, qu'on est indubitablement tenté de leur donner au premier aspect, ne préjuge pas la question de savoir quels sont bien réellement les animaux que le sculpteur a voulu reproduire.

Les formes sont encore bien nettes. Le corps largement taillé reposait sur des jambes courtes et massives : un poitrail puissant, des ailes quelque peu écourtées ; la tête bien redressée, la bouche largement ouverte et relevée vers le ciel ; au dessus du front, aucune corne visible actuellement, mais seulement une épaisse crête ; une queue lourde, arrondie, tomdant sur le sol et s'y retournant en anneau. L'ensemble finalement a assez grand air, et donne une impression assez rare, semble-t-il, de force et de vie.

Ils reposaient jadis sur une large dalle monolithe et semblaient même faire corps avec elle. Aujourd'hui ils gisent brisés, séparés de la dalle, les jambes mutilées, tandis que tout près, sur le tombeau de *Ts'i Ming-ti,* un de leurs pareils, leur aîné d'âge, a résisté aux siècles et montre encore, debout, sa forte carrure. C'est lui que reproduit la photogravure que vous remarquez après la page 54.

Comment les désigner au juste ? Les Annales des *Liang* les nomment *K'i-lin* 麒麟. Ce serait donc l'animal de la légende, si souvent nommé, et formant avec le phénix 鳳, la tortue 龜 le dragon 龍, le groupe des quatre êtres merveilleux 四靈 (1).

Faudrait-il les rattacher à ces animaux, que 500 ans plus tôt, sous les *Han*, en placait déjà près des tombes ? *Ngeou-yang Sieou* 歐陽修 1007-1072 (2) nous a laissé la description d'un

(1) Sur ces quatre animaux, cf. allus. litt. (var. Sin. n° 13), p. 463, nouv. édition, p. 531.

(2) Mayers, n° 529, le fait naitre en 1017, ce qui le ferait docteur à 15 ans au plus tard. *Ngeou-yang Sieou* est né en 1007 (宋景德丁未年, cf. 曆代名人年譜) ; il a été reçu docteur en 1030 (天聖庚午 cf. 吉安府志). mort en 1072, k. 5 fof. 41. Ce n'est peut-être dans Mayers qu'une erreur de prote. Giles donne la vraie date.

de ces groupes (1) Après qu'il eût été reçu docteur, entre les années 1030 et 1032, il voyageait en passant entre les villes de *Jang* 穰 de *Teng* 鄧 (2) quand il aperçut les animaux de pierre au bord de la route. Il apprit, par les Annales des *Han*, que c'était le tombeau de *Tsong Tse* 宗資 de *Nan-yang Ngan-tchong* 南陽安衆, et constata de ses yeux qu'on avait pris la peine de graver sur la hanche des animaux en caractères dits *Tchoan* 篆, leur nom exact ; l'un était nommé *T'ien-lou* 天祿 et l'autre *P'i-sié* 辟邪. Trante ans plus tard, il obtint qu'un ami *Sié King-tch'ou* 謝景初 lui fit faire une copie (摹) de ces quatre caractères, mais il déclara le dessin fautif et incomplet, bien au dessous de ce qu'il avait vu jadis.

Cent ans plus tard, au 12e siècle, *Tchao Ming-tch'eng* 趙明誠, dans son *Kin-che lou* 金石錄 (3) ne fait guère que reproduire le texte de *Ngeou-yang Sieou*.

Mais cet auteur, *Tchao Ming-tch'eng*, nous rend un autre service. Dans l'impossibilité où nous sommes de retrouver une copie ou un décalque des quatres caractères en question, il nous indique un autre tombeau, celui de *Tcheou Fou* 州輔, où les mêmes caractères se trouvaient (4), et cette fois nous les avons sous la main ; nous les reproduisons d'après l'ouvrage des deux frères *Fong* 馮, publié en

---

(1) Cf. 集古錄目 k. 1. fol. 5. 漢宗資墓天祿辟邪字篆書... Nous ne nous attarderons pas à rechercher, ce que *Ngeou-yang Sieou* et ses successeurs ont fait longuement, si le défunt était un *Song* 宋 ou un *Tsong* 宗. cf. 集古錄跋尾 k.3. fol. 24. dans la collection 三長物齋叢書 : Cf. 石索四 fol. 51.

後漢天祿辟邪字 歲月闕.元第七十一 — *T'ien-lou P'i-sié*, caractères datés des *Han*-Postérieurs. Sans date, d'année et de lune — Chiffre *Yuen*, n° 71. 右漢天祿辟邪四字,在宗資墓前石獸膊上,按漢書,宗資南陽安衆人也,今墓在鄧州南陽界中,墓前有二石獸,刻其膊上,一曰天祿,一曰辟邪,余自天聖中,舉進士,往來穰鄧間,見之道側,迨今三十餘年矣,其後集錄古文,思得此字,屢求於人,不能致,尙書職方員外郎謝景初家於鄧,爲摹得之,然字畫訛缺,不若余見時完也.

(2) Deux sous-préfectures sous les *Han*, réunies depuis les *Song* en une seule sous le nom de *Teng tcheou* 鄧州, relève aujourd'hui de *Nan-yang fou* 南陽府, *Ho-nan* 河南 cf. 歷代地理沿革表, k. 8. fol. 1.

(3) Cf. k. 18.

(4) Cf. 金石錄, k. 15. 漢州輔墓石獸膊字.

1822 (1), qui les reproduit lui-même, d'après la collection impériale des *Song* 宋, nommé *Jou-t'ié* 汝帖, de la ville de *Jou tcheou* 汝州.

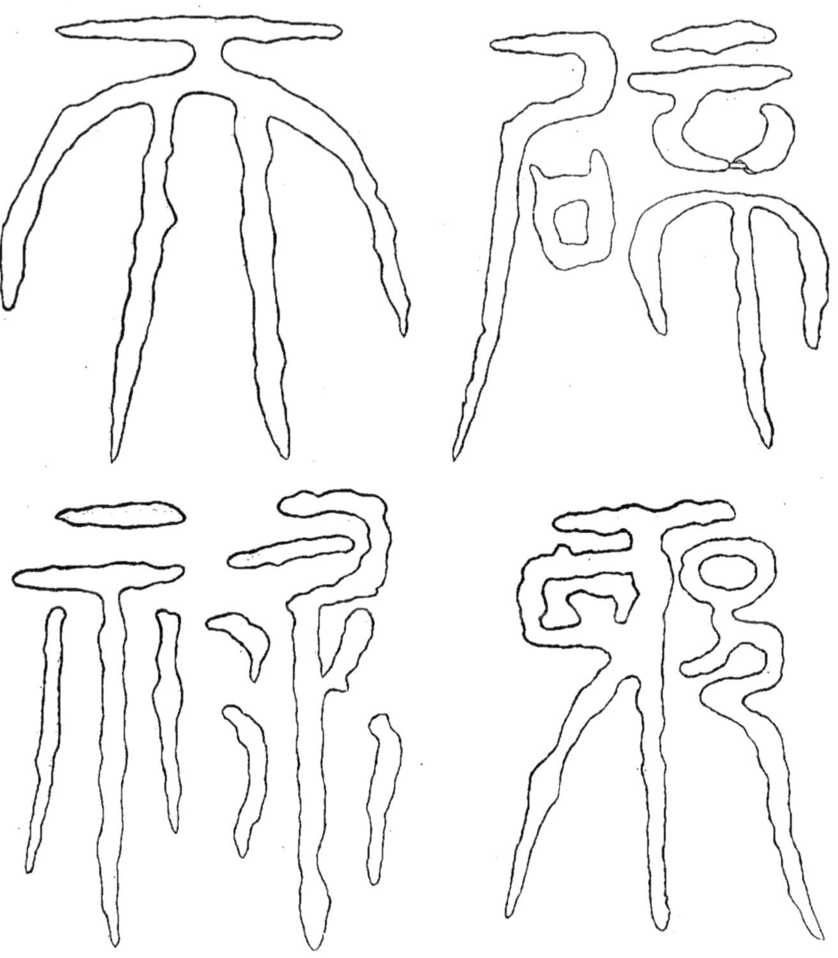

Un des animaux portait les caractères *P'i-sié* 辟邪 gravés sur la hanche gauche (2), l'autre avait les caractères *T'ien-lou* 天祿, qui

(1) Cf. 金石索：左膊上刻辟邪字.... 天祿字差大.... 每字高廣各四寸許.... 四字自是分刻于兩獸、不可不知也.

(2) Le texte original du 金石錄 avait dit : sur la hanche droite 右膊上作刻辟邪. Dans ce même texte, copié par *Wong T'an-k'i* 翁覃谿, dans le 兩漢金石記, et les frères *Fong* 馮, dans le 金石索, la droite 右 devint la gauche 左.

étaient un peu plus grands ; chaque caractère mesurait en hauteur et en largeur quatre pouces et plus. Le décalque porterait à croire que ces quatre caractères étaient réunis ; les auteurs affirment qu'ils étaient bien séparés.

Longtemps après, sous les *Ming*, *Yang Yng-k'oei* 楊應奎 s'intéresse à son tour au tombeau de *Tsong Tse* 宗資. Il cite des auteurs qui ont vu les quatre caractères 天祿,辟邪, gravés sur la hanche des animaux. L'un d'eux *Chen Ts'uen-tchong* 沈存中, indique qu'un mandarin de l'endroit, nommé *Tsen Fou* 曾阜, avait eu l'idée originale d'inscrire au revers de la stèle sépulcrale que de son temps les caractères gravés sur la hanche des animaux existaient encore, d'une facture très artistique et très belle. Quant à *Yang Yng-k'oei* lui-même, "en fonction dans la localité, il parvint, dans une de ses promenades, sur l'emplacement, vit les deux côtés, mais malgré un examen attentif il ne parvint plus à reconnaître les quatre lettres". Pour s'en consoler, "il prit un exemplaire de ces anciens caractères, les fit copier et graver à nouveau sur la hanche des animaux, voulant livrer à la postérité la forme légale des inscriptions du temps des *Han*" (1).

Le même *Sen Ts'uen-tchong* cité ci-dessus s'est demandé "pourquoi on a ainsi nommé ces animaux, et n'en découvre pas la raison". "Ils mesurent huit à neuf pieds de haut, portent cornes et crinière, et ont sur le cou et sur la queue des écailles". Si ces animaux existent encore aujourd'hui, ils doivent être en pauvre état : déjà *Yang Yng-k'oei* les avait trouvés "l'un privé de ses quatre pieds, l'autre brisé par le milieu et à moitié disparu" (2).

---

(1). 金石錄, k. 18. f. 9.

(2) Cf. la collection 圖書集成, vol. 195. 職方, k. 461. Dans cet intéressant passage trop long pour être cité en entier, nous ne prenons que les éléments particulièrement utiles.

南豐曾阜,嘗令南陽,題碑陰云,二獸膊之所刻猶在,製作精巧....調守是郡,間行,...有塚巍然,...有石獸,...細尋其字無有也,...以法帖舊文模而鐫之,以存漢人文字典制云.高八九尺也,...有角鬣,...尾鬣,皆鱗甲....如手掌.未知何義,而名此也,...　　左者去其四足,右則折缺中半.

L'artiste en sculptant tous ces animaux avait-il un modèle en vue, ou s'est-il laissé aller à tous les caprices de l'imagination ? Voici, pour aider peut-être à la solution, quelques notes sur les trois animaux dont nous avons rencontré les noms dans les lignes précédentes, les *K'i-lin* 麒麟, les *P'i-sié* 辟邪, et les *T'ien-lou* 天祿.

Pour le *K'i-lin*, les citations bien connues du dictionnaire de *K'ang-hi* peuvent suffire. Le *Mao-che* 毛詩國風, ode 麟之趾, et le *Eul-ya* 爾雅 n'en disent guère plus long. Le *K'i* 麒 serait le mâle, le mot *lin* 麟 désignerait la femelle. On écrirait aussi bien *lin* 麐 que *lin* 麟, les deux caractères étant interchangeables, bien que le *Chouo-wen* 說文 essaie de mettre entre les deux quelque différence (1).

Le *K'i* 麒, dit le *Chouo-wen*, est un animal bienveillant, au corps de cerf, à la queue de vache, avec une corne (2). Il s'est pourtant trouvé au moins un auteur pour dire qu'il n'avait pas de corne (3).

La *lin* 麟, dit encore le *Chouo-wen*, a un corps de cerf, une queue de vache, une tête de loup, le sabot d'un cheval; elle est très bigarrée, jaune sous le ventre, haute d'un *tchang* et deux pieds (4). Un autre ajoute : au bout de la corne il y a de la chair, ce qui montre qu'elle a la vigueur belliqueuse, mais ne s'en sert pas (5).

Sur la *lin* 麐, voici encore d'autres traits : La voix est dans le ton de la note basse *tchong* 鍾 et de la note moyenne *liu* 呂. Elle marche avec régularité, sur la route elle choisit l'endroit, elle observe, puis s'arrête. Elle ne marche pas sur les insectes vivants, elle ne foule pas aux pieds les herbes vivantes, elle ne va pas par bandes ni par couple, elle ne tombe pas dans les trappes, elle ne se laisse pas prendre

---

(1) 說文: 麐,牝麒也,麟,大牝鹿也.

(2) 仁獸也,麐,身牛尾,一角.

(3) 郭璞曰,麒似麟,而無角.

(4) 麐身,牛尾,狼額,馬蹄,五彩,腹下黃,高丈二.

(5) 麟角末有肉,示有武不用.

dans les pièges ; sa beauté est très variée; quand les princes sont très bienfaisants, elle se montre (1).

Sur les *P'i-sié* 辟邪 (chasse-maléfices) et les *T'ien-lou* 天祿 (2) (céleste faveur) les détails sont plus rares. D'après certains auteurs, il y aurait toute une catégorie d'animaux, nommés du nom générique de *t'ao-pa* 桃拔 ou *fou-pa* 符拔,扶拔, semblables à des cerfs, avec grande queue, lesquels se subdiviseraient en *T'ien-lou* 天祿, qui ont une corne, et en *P'i-sié* 辟邪, qui en ont deux (3). Mais dans le même ouvrage, au même endroit, une autre citation veut que tous ces noms soient synonymes (4). Et parfois même on a voulu les confondre avec les *lin* (5). De fait l'archéologue *Lou Yeou* 陸游, dont nous avons donné plus haut le récit, écrit, sans plus distinguer, qu'il y a des *K'i-lin*, *P'i-sié*, au tombeau de *Siao Choen-tche.*

Il est à noter que parmi tous les auteurs à qui nous avons emprunté la description des *k'i-lin*, des *t'ien-lou*, des *p'i-sié*, des animaux du tombeau de *Siao Choen-tche*, aucun ne parle des ailes ; ils laissent échapper ce détail qu'un observateur européen noterait sans doute dès l'abord. Mr d'Ollone dans son rapport daté de *Tch'eng-tou*, 10 Mars 1908, et cité au *T'oung-pao*, Oct. 1908, p. 636, dit avoir vu, au *Se-tch'oan*, à 10 kilomètres de *Ya-tcheou* 雅州, sur un tombeau datant des *Han* (205 av. J.-C.,-280 apr. J.-C.), "Deux tigres ailés, en pierre, qui, par la forme et l'attitude, sont étonnamment pareils aux taureaux et lions ailés des Assyriens et différents des types d'animaux partout reproduits en Chine". Nous reproduisons ici une photographie de l'un de ces tigres ailés, elle nous a été

---

(1). 音中鍾呂,行中規矩,道必擇地,詳而後處,不履生蟲,不踐生草,羣居不侶行,不入陷阱,不罹羅網,文章斌斌,王者至仁,則出, (L'édition de *K'ang-hi* que nous suivons dit 羣居不侶行 ; le texte original dans le 爾雅 dit 不羣居,不侶行, ce qui le rend inintelligible).

(2). La vraie écriture est 天鹿, cerf céleste : de fait anciennement les caractères s'équivalaient et on a préféré celui qui semblait devoir attirer le bonheur. Cf. 續刻金石三例,漢石例, k. 3. f. 23 et 24 : 變鹿爲祿者,鹿與祿,古字通,且取其吉也.

(3). Cf. ibid. 符拔似長尾,一角者或爲天祿,兩角者或爲辟邪.

(4). Cf. ibid. 是天鹿辟邪亦通稱也.

(5). 管城碩記, k. 28 f. 15. 漢時以天祿爲麟.

Tigre ailé à Ya tcheou (Se-tch'ouan), p. 60.

communiquée par le R. P. Gires, des Missions étrangères, avec la gracieuse permission de M^r d'Ollone(1). (voir la photogravure en regard).

Ainsi donc il y a beaucoup d'imprécision même dans ces livres où l'on devait s'attendre à trouver les indications les plus exactes

Timon sous les Tcheou.

(1) Ce tombeau est-il celui que signalent les Annales des *Ming ?* (大明一統志, k. 72, f. 27). "Tombeau du licencié *Kao*, à 20 li au nord de la ville de *Ya-tcheou* 雅州... il se nommait *Kao koei-fang*.... il y avait une stèle, les caractères ne sont plus lisibles 高孝廉墓,在州城北二十里..,高貫方...有碑,字畫剝落.

et les plus scientifiques. Evidemment, si l'on veut ensuite s'informer auprès des artistes qui dès longtemps avaient pris ces animaux comme motifs de décoration, on verra le vague des renseignements se trahir partout, et les inventions spontanées se donner libre carrière. Prenons quelques exemples parmi ceux que nous offrent les livres chinois. Sous les *Song*, *Tchang Mong-k'ing* avait chez lui, découverts jadis dans le tombeau de *T'ai-k'ang*, des *T'ien-lou* en cuivre incrusté d'un métal bleuâtre, hauts à peine d'un pouce et quelque chose, longs à peu près d'un pied et plus (1). Sous *Ling ti* des *Han* 漢靈帝 (168-189), on fond des *T'ien-lou*, qui semblent remplir le rôle de bornes-fontaines; ils vomissent l'eau hors la porte *P'ing-men* (2).

Sous les *Tcheou* on a des cloches, dont le crochet de suspension est formé de deux *P'i-sié* ; sur l'une, ils sont face à face avec une corne chaque, sur l'autre ils ont la tête renversée en arrière avec deux cornes chaque ; et sur les brancards d'un grand char (*lou* 輅), il y a deux *p'i-sié* qui ont une corne chaque (3). (Voir les 3 gravures sur bois).

Voici deux gravures, représentant de curieuses têtes de brancard, celles même peut-être dont il vient d'être question ; chacun se

---

(1) Cf. ibid. 宋張夢卿家,有太康墓中所得紫金銅鈿天祿,高僅寸許長可尺餘.

(2) Cf. ibid. 鑄天祿轉水入宮 et. Cf. 漢金石例 loc-cit. 吐水于平門外, on les appelait 天祿蝦蟆. Il est question des 蝦蟆 au paragraphe suivant.

(3) Cf. 漢石例 k. 3. p. 23. 第三鐘紐,兩辟邪左右像,各露一角,第五背面像,各有一角,又車輅托轅凡二,一左面,一右面,各露一角. Voilà encore une fois un copiste peu soucieux de l'exactitude : il dit que sur la 3e cloche les *p'i-sié* sont tête à tête, et dos à dos sur la 5e. En se reportant à l'original qu'indique le 博古圖, on voit le contraire. — La gravure ci-dessus reproduit la 4e cloche.

Il faut aussi remarquer que le *Po-kou-t'ou* 博古圖 n'ose pas affirmer, que ces cloches datent des *Tcheou*: "leur façon ne s'accorde pas avec ce qu'ont rapporté les mandarins des *Tcheou*, et aucun signe gravé n'indique la date. Peut-être ces objets sont-ils de la fin des *Tcheou*, 製作與周官所載不同,又無銘款以稽世次,疑其爲晩周物也.

周辟邪鐘四

Cloche des Tcheou, dont le crochet est formé de 2 P'i-sié. p. 62. nº 1.

周辟邪鐘五

Cloche des Tcheou, dont le crochet est formé de 2 P'i-sié. p. 62 nº 2.

漢辟邪鐘二

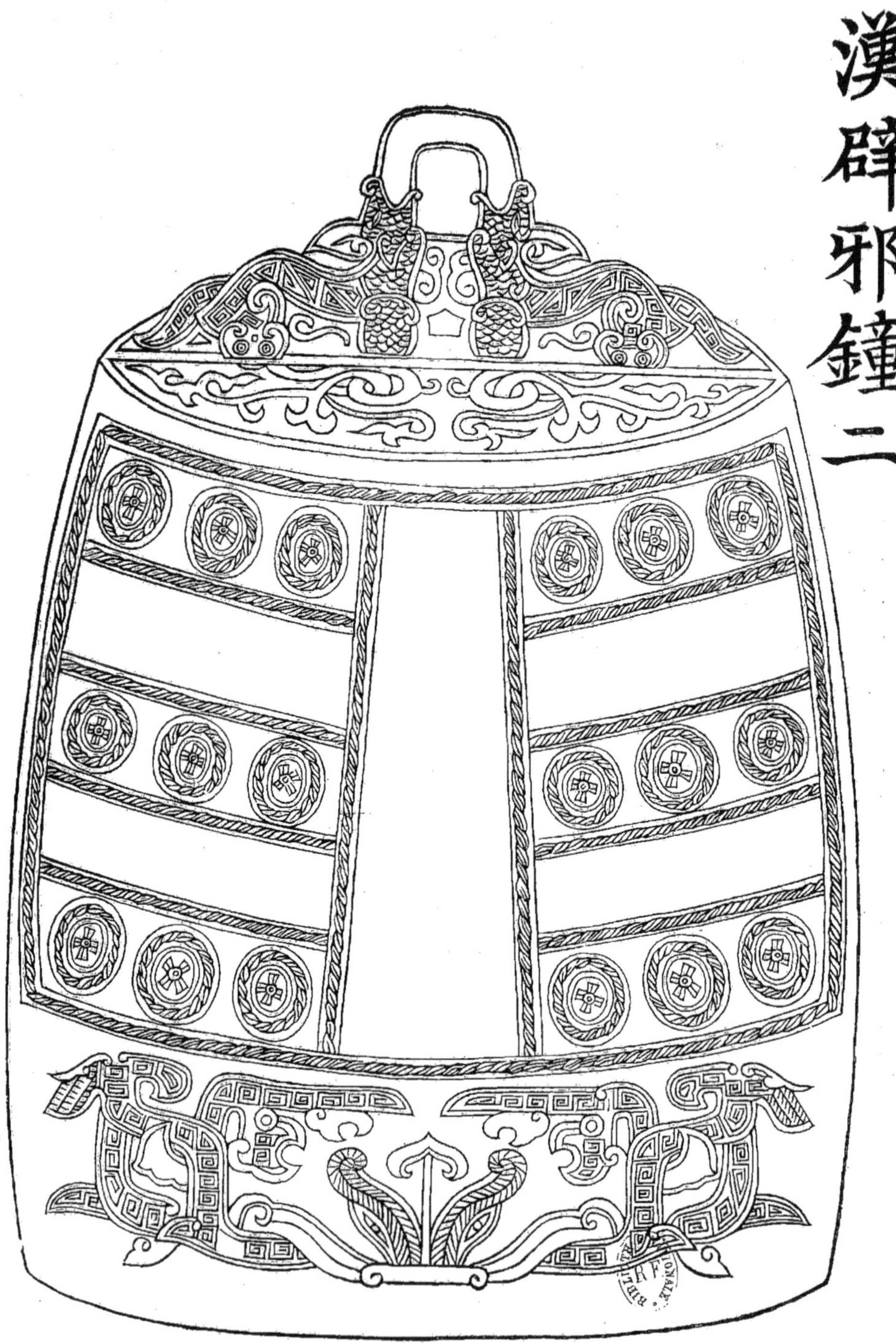

Cloche des Han, dont le crochet est formé de 2 P'i-sié. p. 62, n° 3.

termine en forme de serpent, portant sur son dos "un *P'i-sié* accroupi;" chaque *p'i-sié* a des ailes et semble garni d'écailles sur tout le corps; "dans le creux arrondi, se plaçait la traverse" (1).

Sous les *Ming* Mr *Fang* 方 ornait ses morceaux d'encre de dessins artistiques dont il nous a lui-même laissé le recueil. Les *P'i-sié* et les *T'ien-lou* y figurent et prennent toutes les formes que rêve le compositeur. En voici deux types (2). (Voir les deux gravures ci-dessous).

Nous avons donc un *P'i-sié*, comme l'artiste prend soin de nous en avertir par les deux caractères, gravés au revers; puis un *T'ien-lou*; cette fois l'inventeur a inscrit quatre caractères 天祿永昌; on voit qu'il a adopté l'orthographe **天祿**, qui est de bon augure;

見方氏墨譜卷四第三十四頁

puis se rappelant un texte du *Luen-Yu* (k. 10, chap. 堯曰) "la faveur céleste pour toujours cessera 天祿永終" il change le dernier caractère en un autre de son presque voisin et de sens opposé, ce qui donne la faveur céleste toujours resplendira 天祿永昌".

(1) Cf. 方氏墨譜, vol. 4 et 5.

(2) Cf. 博古圖 k. 27, f. 33. 是物作辟邪蹲伏之狀…其圜空可以容橫梁.

見方氏墨譜卷四第三十四頁

Dans le troisième exemple, donné ci-dessus, la fantaisie de l'inventeur prend encore plus de liberté ; quand aux deux caractères 香玉, ils indiquent seulement une espèce d'encre.

Ajoutons encore ici ce cheval ailé; c'est à titre de pure curiosité, car l'auteur paraît n'avoir que voulu donner des ailes à son cheval, comme il en donne à tous les êtres qui font partie de la même scène (1).

Terminons cette série de reproductions, par ce dessin, le plus intéressant peut-être, et le plus utile à rapprocher du cheval ailé, qui a été gravé au début du présent paragraphe. On remarquera de part et d'autre les ailes stylisées.

Ce curieux cheval ailé a été publié par Mr Chavannes (2), qui lui donne, avec les habitants du pays, le nom de *fei-long-ma* 飛龍馬 cheval dragon volant. (Voir la photogravure en regard). Il est de l'an 707 après J.-C., donc de 200 ans environ postérieur au nôtre, alors que la simplicité de sa forme porterait à le croire de beaucoup antérieur. Mr Chavannes le dit manifestement inspiré de l'art sassanide (p. 16). Il a été taillé dans le nord de la Chine, le nôtre vers l'embouchure du *Yang-tse kiang*.

(1) Cf. Chavannes. La sculpture sur pierre en Chine au temps de *Han* pl. XXXIII. Notre gravure est d'après la reproduction en gravure sur bois, bien nette, mais moins exacte, du 金石索,石索三.

(2) Cf. Chavannes. Note préliminaire sur les résultats archéologiques de... 1907. p. 16 et Voyage archéolog. dans la Mandchourie et dans la Chine Septentrionale p. 26.

Fei-long ma sur le tombeau de Ou San-se des T'ang p. 66.

Gravure des Han de Kia-siang hien au Chan-tong; on y voit des chevaux ailés. p. 66.

La question se pose donc à nouveau : tous ces animaux, le *k'i-lin* compris, sont-ils de pure invention, quelque chose comme les chimères en Europe? Il est indubitable que les auteurs répètent souvent que des messagers sont venus des pays lointains et ont offert à l'empereur des animaux qui sous différents noms sont assimilés aux *p'i-sié* et aux *t'ien-lou*. Ainsi les gens du royaume de *Yué-tche* 月氏國 apportent un lion *fou-pa* 扶拔師子, de même ceux de *Ngan-si* 安息國. Il y avait de ces *t'ao-pa* 桃拔 au royaume de *Ou-i-chan-li* 烏弋山離國 (1). Le dictionnaire de *K'ang-hi* lui-même donne une citation affirmant qu'il y a des *K'i-lin* dans le *Ping-tcheou* 幷州, mais non pas celui de bon augure (2). Bien plus, l'empereur *Ou-ti* des *Han* prit un animal à une corne, semblable au *piao* 麃; on le nommait *lin* 麟 (3). Tous ces textes sembleraient bien indiquer du moins que les Chinois ont cru à l'existence de ces animaux et que les sculpteurs ont pensé reproduire un animal réel dont l'habitat le plus ordinaire était dans les régions lointaines à l'ouest du Thibet. Les détails précis faisant défaut, la fantaisie y a suppléé avec plus ou moins de bonheur.

Ici une autre question se présente, plus difficile encore. L'origine lointaine de cet animal type, assez voisin de celui de l'Assyrie, doit-elle suggérer des rapprochements entre les œuvres de l'art Chinois et les fantastiques créations des sculpteurs de Ninive? Le P. Gaillard, en artiste et en érudit, se posait parfois le problème.

---

(1) Cf. 漢金石例 k. 3. f. 23. — Les Annales des *Han* Postérieurs 後漢書 k. 88 indiquent la position de ces royaumes 月氏音支. Dans l'atlas 歷代輿地沿革險要圖, la carte 兩漢四裔圖 les marque au delà des limites du Turkestan et du Thibet, à l'ouest, tous à la même longitude? peu éloignés entre eux, le *Ngan-si* plus au nord, le *Yué-tche* au centre, le *Ou-i-chan-li* plus au sud. On a souvent dit que le 安息 était le royaume des Parthes (The China Review 8, p. 165, 13 p. 226.), et 月氏 la Bactrie (?) (13 p. 226), les Gètes (?) (vol 18 p. 60).

(2) Cf. 幷州界有麟,大如鹿,非瑞麟也. Le nom de *Ping tcheou* désigne la région au nord de *Ta-t'ong fou* 大同府, du *Chan-si* 山西, à l'est du *Hoang-ho*.

(3) Cf. 管城碩記 k. 28, f. 15. 漢武獲一角獸,若麃,謂之麟.

Les nombreux documents, recueillis dans ces dernières années, permettront peut-être aux sinologues de nous donner la solution. Quant à l'exécution matérielle telle qu'elle était, elle ne laissait pas d'exciter l'admiration des visiteurs d'alors : ils ne la trahissent toutefois qu'avec une extrême sobriété. A propos des animaux de la tombe de *Tcheou-fou* 州輔 ils se contentent de ces mots 制作甚工, le faire, dans le détail et dans l'ensemble, est très artistique (1).

(1) Cf. 金石錄 et 歷代地理沿革表.

Soubassement d'une colonne cannelée sur le tombeau de Siao Choen-tche (Tan-yang). On y voit la figure de deux crapauds (Hia-mo). p. 69.

§ IX. LES COLONNES. LEUR SOUBASSEMENT.

Au premier coup d'œil, on croirait ne voir dans le soubassement qu'un bloc informe, mal travaillé, une négligence ou une fantaisie de l'artiste. Un examen un peu plus attentif fait aisément reconnaître de chaque côté deux pattes, visibles encore dans la gravure, inserrée au regard de cette page, et les formes générales d'un animal. L'avant présente à peu près l'aspect que la gravure essaie de reproduire : on dirait deux têtes qui se font face ; dans les mâchoires largement ouvertes, on croit reconnaître deux boules retenues par de fortes dents. Quel était donc cet animal, que le sculpteur semble n'avoir qu'assez imparfaitement ébauché ? On le nomme *hia-mo* 蝦蟆. Ces mots désignent, dans le langage courant le têtard. Serait-ce donc là une grenouille, un crapaud ? Le crapaud a bien été admis à figurer parfois dans les dessins antiques. En feuilletant les recueils on en rencontre assez facilement des exemples (1). Bien plus, la lune serait, au dire de certains, la demeure d'un grand crapaud à trois pattes. On le nomme *Chan-yu* 蟾蜍 et aussi lapin de jade 玉兎 (2). Mais enfin, quelle singulière conception aurait bien pu porter l'artiste à prendre un crapaud au corps flasque comme emblème de force, pour en faire le support d'une lourde colonne?

Ou bien faut-il voir dans ce soubassement une allusion au texte *long-ma fou t'ou* 龍馬負圖 (3) le dragon-cheval porte-tableau ? Ce serait alors le *T'ou-long* 鼉龍, espèce de crocodile. Nous aurions là du moins une allusion littéraire présentant quelque sens.

Voici encore une autre hypothèse, qui veut confondre les *hia-mo*, avec les *T'ien-lou* 天祿, dont il a été question au paragraphe précédent. C'est, semble-t-il, le sens d'un texte assez embrouillé que donne *Yang Chen* 楊愼, dans son ouvrage *I-lin fa chan* 藝林伐山 (4). «L'empereur *Han Ling ti* (168-189) réparant le palais

(1) Cf. le 博古圖, le 金石索, vol. 6. le 西淸古鑑. k. 40.

(2) Cf. allusions littéraires, Var. sinolog. n° 13, p. 460; nouv. édit., p. 528.

(3) Cf. *Luen-yu*, k. 5, Chap. 子罕, texte et comment.

(4) 漢靈帝修南宮,鑄天祿蝦蟆,轉水入宮,天祿,即大蝦蟆,伯樂之子,案圖索駿,以蝦蟆爲馬,即天祿也.

«du nord fit fondre des *T'ien-lou* et des *hia-mo,* qui servirent à faire «monter l'eau au palais intérieur. Le *T'ien-lou* est un grand *hia-«mo.* Le fils de *Pé-lo* (connaisseur en bons chevaux) étudiait les «modèles et cherchait les meilleures espèces ; il classait les *hia-mo* «parmi les chevaux. Or c'est un *T'ien-lou*».

Mais *Siu Wen-tsing* 徐文靖, dans son ouvrage *Koan-tcheng che ki* 管城碩記 rapporte ce texte et après une longue discussion qui ne nous apporterait rien de nouveau, en nie la conclusion (1). Le champ reste donc ouvert à toutes les hypothèses.

---

(1) k. 28 fol. 14, 15. 豈可謂蝦蟆天祿即乎.

§ X. LES COLONNES.

Les cannelures. — Le couronnement. — Les lionceaux.

L'usage des colonnes cannelées paraît bien ne dater que de l'époque des six dynasties 六朝. Alors les rapports avec l'étranger étaient assez fréquents ; nombre d'ambassadeurs japonais, coréens, annamites, indiens, tibétains, syriens, arabes, et turcs, venaient fréquemment à la cour de l'empire du milieu ; ces faits historiques donnent un fondement à une insinuation que le P. Gaillard a laissée dans ses notes inédites : il voyait dans ces colonnes des modèles d'un art gréco-bouddhique, qu'apportait en Chine le flot des voyageurs, et que favorisait le développement du bouddhisme alors dans toute sa prospérité. Les livres chinois semblent bien venir à l'appui ; de tous les recueils archéologiques 金石書 que nous avons pu feuilleter dans notre bibliothèque, aucun, croyons nous, n'offre un exemple de colonnes cannelées à une époque antérieure aux *Liang* de *Nankin*.

La gravure ci-jointe au regard de cette page donne l'aspect des deux colonnes à l'heure présente.

Les cannelures, dans le langage courant, s'appellent tranches de melon *Koa-ling-che* 瓜稜式. La partie inférieure compte 28 cannelures, qui sont intorses. Le nombre en est doublé à la partie supérieure et là, elles sont en saillie ; à leur rencontre une ceinture, sculptée en forme de tresse de rotin (1), entoure la colonne. A l'heure présente, les deux colonnes semblent avoir été fendues par le milieu dans le sens de la hauteur. De chaque côté une moitié a cédé ; ce sont les demi-épaisseurs, qui se faisaient face dans l'allée centrale, qui ont disparu. La nature de la pierre, marquée de longues veines et comme divisée en couches, semble pouvoir expliquer ce mode de brisure. Le granit ne se serait pas fendu ainsi. Ces colonnes indiquaient un lieu de sépulture ; peut-être même à l'origine servaient-elles d'appui aux cordages qui descendaient le cercueil dans le tombeau. Leur forme actuelle n'est-elle qu'une réminiscence ?

Les auteurs nomment ces colonnes *che tchou* 石柱 (1) ; leur

1) Cf. 潘昂霄金石例 k. 1. fol. 1 comment.

rôle d'indicateurs de sépulture aurait dû faire préférer le terme *Kiué* 闕 plus fréquemment employé ailleurs, comme nous le verrons.

Le couronnement. Un large disque, aux bords arrondis et sculptés en forme de fleurs de nénuphar, surmontait les colonnes. Les auteurs l'ont appelé vase à recevoir la rosée 承露盤 (1) ; elle devait s'y déposer et suinter le long des bords inclinés.

Au tombeau de *Siao Choen-tche*, ces disques ont été abattus, ils gisent renversés sur le sol. La foudre a fait cet exploit, disent les auteurs, (2) tandisque sur les tombeaux de *Siao Kin* 蕭景, de *Siao Tsi* 蕭績 et de *Siao Tcheng-li* 蕭正立 on les trouve encore placés au-dessus de leur colonne. (Voir les photogravures classées après la page 71).

Les lionceaux. Tombés avec les disques, ils ont totalement disparu ; on les retrouve en position aux tombeaux de *Siao King* 蕭景, de *Siao Tsi* 蕭績, au tombeau de *Siao Hong* 蕭宏 il n'en reste qu'un gisant à terre, à une distance de 7 ou 8 mètres, au N.E. de la colonne.

---

(1) Cf. le voyageur archéologue *Lou Yeou* 陸游入蜀記 k. 1. fol. 8 d'aprés le 知不足齋叢書 vol. 17.

(2) Cf. 丹陽縣志 k. 12 f. 11.

Tombeau de Siao King : Monceau, couronnement, inscription à caractères inverses, cordage, sculptures, cannelures. p. 72.

Inscription du tombeau de Siao Choen-tche p. 73.

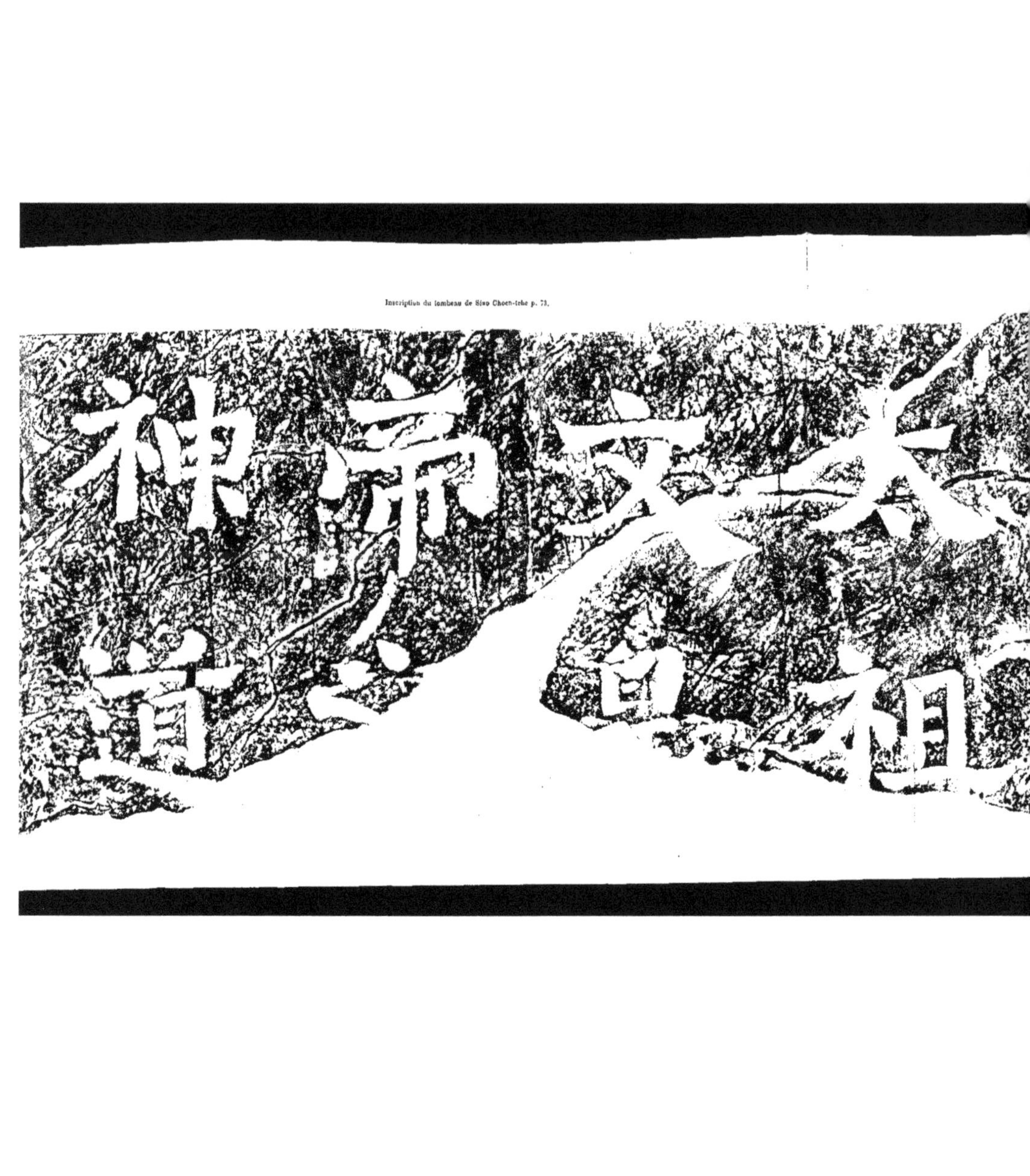

Inscription du tombeau de Siao Choen-tche p. 73.

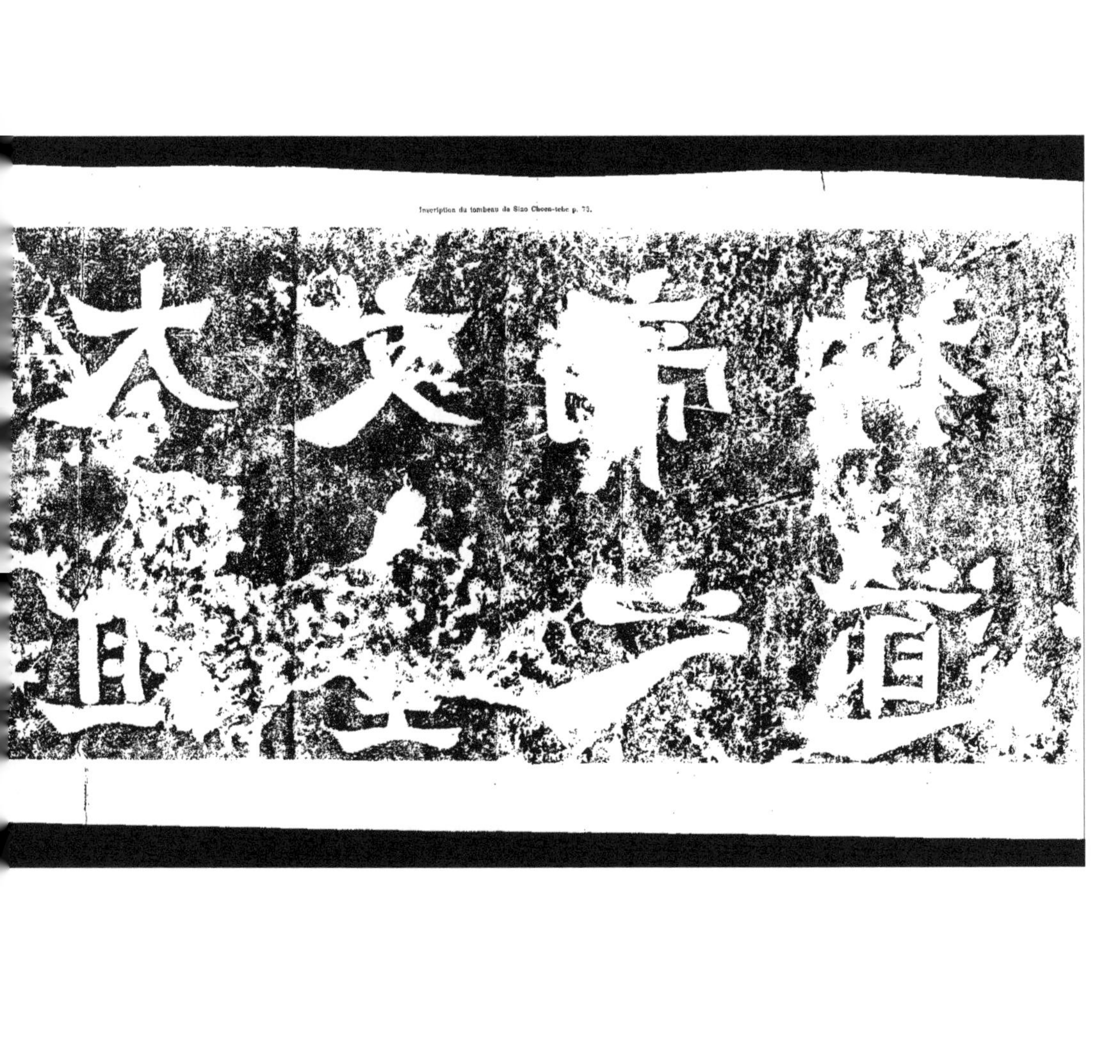

§ XI. LES INSCRIPTIONS EN SENS INVERSE

SUR LES COLONNES CANNELÉES.

1) *Leur forme.* Ces deux curieuses inscriptions se trouvaient sur de grandes tablettes de pierre, placées vers le sommet des colonnes ; elles se faisaient face et se composaient des caractères que voici :

神帝文太 道之皇祖	太文帝神 祖皇之道

Nous nous sommes procuré les estampages de ces 2 inscriptions en 1897, dans une librairie de *Nankin*, tenue par deux marchands de *Yang-tcheou* 揚 州, qui avaient parcouru presque tout le *Kiang-sou* et le *Ngan-hoei*, et estampé toutes les inscriptions sur pierre depuis les *Han* jusqu'aux *Ming* exclusivement. Nos estampages mesurent 1^{m} 42 de longueur sur 0^{m} 63 de hauteur. Nous en reproduisons une réduction en photolithogravure.

2) *Sens général :* "Chemin de l'esprit de l'empereur, grand ancêtre, civilisateur" chaque terme sera étudié dans le paragraphe suivant.

3) *La disposition des inscriptions.* Au tombeau de *Siao Choen-tche*, les deux inscriptions étaient tournées vers l'allée centrale, et se trouvaient ainsi vis à vis l'une de l'autre. Cette disposition est exceptionnelle ; dans les autres tombeaux des *Liang*, les inscriptions sont perpendiculaires à l'allée centrale. et tournées vers l'entrée de cette allée.

Autre exception : contrairement à ce qui a lieu aux autres tombeaux c'était ici la colonne de droite, qui portait les caractères gravés en sens inverse, et la colonne de gauche qui portait les caractères de forme ordinaire. C'est ce que dit le texte de *Ki Mang-hiong* 吉 夢 熊, qui sera cité au long dans la suite, "les caractères ordinaires sont sur la pierre de gauche, les inverses sur celle de droite (1)". La gauche et la droite sont indiquées par rapport au visiteur qui

(1) 一係正書在左石上，一係反書在右石上.

§ XI. LES INSCRIPTIONS EN SENS INVERSE

SUR LES COLONNES CANNELÉES.

1) *Leur forme.* Ces deux curieuses inscriptions se trouvaient sur de grandes tablettes de pierre, placées vers le sommet des colonnes ; elles se faisaient face et se composaient des caractères que voici :

神帝文太 道之皇祖	太文帝神 祖皇之道

Nous nous sommes procuré les estampages de ces 2 inscriptions en 1897, dans une librairie de *Nankin*, tenue par deux marchands de *Yang-tcheou* 揚州, qui avaient parcouru presque tout le *Kiang-sou* et le *Ngan-hoei*, et estampé toutes les inscriptions sur pierre depuis les *Han* jusqu'aux *Ming* exclusivement. Nos estampages mesurent 1^{m} 42 de longueur sur 0^{m} 63 de hauteur. Nous en reproduisons une réduction en photolithogravure.

2) *Sens général :* "Chemin de l'esprit de l'empereur, grand ancêtre, civilisateur" chaque terme sera étudié dans le paragraphe suivant.

3) *La disposition des inscriptions.* Au tombeau de *Siao Choen-tche*, les deux inscriptions étaient tournées vers l'allée centrale, et se trouvaient ainsi vis à vis l'une de l'autre. Cette disposition est exceptionnelle ; dans les autres tombeaux des *Liang*, les inscriptions sont perpendiculaires à l'allée centrale. et tournées vers l'entrée de cette allée.

Autre exception : contrairement à ce qui a lieu aux autres tombeaux c'était ici la colonne de droite, qui portait les caractères gravés en sens inverse, et la colonne de gauche qui portait les caractères de forme ordinaire. C'est ce que dit le texte de *Ki Mang-hiong* 吉夢熊, qui sera cité au long dans la suite, "les caractères ordinaires sont sur la pierre de gauche, les inverses sur celle de droite (1)". La gauche et la droite sont indiquées par rapport au visiteur qui

(1) 一係正書在左石上，一係反書在右石上.

s'avance en suivant l'allée centrale, d'est en ouest. Les caractères inverses étaient donc sur la colonne de droite, plus clairement sur la colonne placée au nord. C'est ce que nous avons vérifié nous-mêmes sur place.

Cette disposition est surprenante : les inscriptions se présentaient ainsi au visiteur de la manière la moins normale, et rien ne laisse deviner la raison de ce choix.

4) *Etat actuel.* En mai 1909, le sous-préfet de *Tan-yang*, dans la pensée de préserver les 2 inscriptions des destructions futures, voulut les transporter dans la ville. Soixante-dix hommes, dit-on, entreprirent d'abord le transport de la pierre aux caractères inverses, et, après bien des efforts, parvinrent à la porter à environ 3 li du tombeau dans la direction de la ville. Là, le courage ou l'argent manqua, et la pierre massive est restée sur place, au bord de la route. C'est là que nous l'avons trouvée à notre grande surprise, dans notre dernière visite au tombeau, le 2 juin 1909. Les caractères ont beaucoup perdu de leur précision, et ne donneraient probablement plus qu'un décalque assez confus. En arrivant au tombeau, nous avons pu constater, au pied de la colonne nord, la place encore fraîche d'où la pierre venait d'être enlevée. La pierre aux caractères droits était encore au bas de la colonne sud, renversée sur le sol : il était donc impossible de se rendre compte de l'état des caractères. Quelques mottes de terre soulevées à l'entour indiquaient là aussi une velléité de transport qui s'était aussitôt découragée.

5) *Résumé historique.* Les plus anciens archéologues qui se sont intéressés au tombeau de *Siao Choen-tche*, semblent, nous l'avons vu, avoir ignoré l'inscription en sens inverse.

Nous l'avons trouvée mentionnée dans les annales de *Tchen-kiang* en 1331. En 1869, *Mo Yeou-tche* 莫友芝 se fait gloire de retrouver la pierre. En 1872, l'archéologue *Tchang Té-yong* 張德容, de *K'iu-tcheou fou* 衢州府, au *Tché-kiang*, publia son ouvrage *Kin-che tsiu* 金石聚. C'étaient 16 volumes, en grand format, contenant les décalques qu'il possédait dans sa bibliothèque, reproduits en fac-similés par des dessinateurs, et parmi ces reproductions se trouvent les 16 caractères du tombeau de *Siao Choen-tche*. En 1885, une nouvelle édition des chroniques de *Tan-yang* mentionnait cette double inscription avec des explications d'un auteur plus ancien. Citons en partie :

«Dans le commentaire sur les caractères en sens inverse du «tombeau des *Liang* par *Ki Mang-hiong* il est dit : Les brillantes «colonnes-enseignes des tombeaux des *Liang* portent gravés de gros «caractères *Wen-hoang ti Chen tao* etc. plus grands que ceux de la «célèbre pierre *Yen-ho ming* 瘞鶴銘 (1) (poésie sur l'enterrement «d'une cigogne). L'hiver de l'année *Jen-in* 壬寅 (2), je suis sorti «par la porte du Nord, amenant un ouvrier qui savait décalquer. «Nous avons décalqué les inscriptions. L'une des deux stèles, celle «de gauche porte des caractères de forme ordinaire ; celle de droite «au contraire porte des caractères en sens inverse : ce qui est rare «dans les anciennes inscriptions. Le *Tsi-kou lou* n'a pas parlé des «caractères en sens inverse, mais seulement de ceux de forme ordi«naire. *Ngeou-yang Sieou* n'ayant pas vu ces caractères en sens «inverse n'en fait aucune mention (3)».

Voici sur ce sujet quelques explications.

Notons d'abord que l'inscription présente deux détails intéressants : la lecture s'en fait de gauche à droite, — et les caractères en sont tous tracés à l'envers.

6) *La lecture de gauche à droite*. Dans les anciens tombeaux, les inscriptions présentant cette particularité sont très rares. Le *Li-che* 隸釋, k. 13, fol. 7, cite un exemple, le seul peut-être.

---

(1) Cette pierre se trouve dans la pagode *Tsiao-chan se* 焦山寺 à *Tchen-kiang*.

(2) Nous n'avons pas l'ouvrage de *Ki Mong-hiong* 吉夢熊, cet auteur qui vécut à l'époque de *K'ien-long* 乾隆 de 1736 à 1795, fit son excursion au tombeau de *Siao Choen-tche* en 1782.

(3) C'est l'ouvrage *Yu-ti pei-ki* 輿地碑記 par *Wang Siang-tche* 王象之, voici le texte qu'il nous donne : voir la collection 粵雅堂叢書 vol. 218 輿地碑記目 k. 1. fol. 9.

梁太祖文皇帝神道碑　在丹徒縣之三城港,文帝陵下,鎮江志云,歐公集古錄以爲宋文帝碑,非是,蓋宋文帝自葬蔣山,見於沈約宋書明甚,第見此八字,與宋文帝諡號偶同,遂指以爲宋帝,而不知其爲梁武帝之父追尊之號亦同.

«Épitaphe de *Tsin-té*, Seigneur de «*Kiang-yuen.*»

«Il se nommait *Tsieou,* avait pour «surnom (字) *Tsin-té.* Il fut seigneur de «*Kiang-yuen,* dépendant de *Chou hiun.* «La 3e année «de *Yen-hi* (160 apr. J.C.) «la 5e [lune], *Mong-I* a construit ceci».

江原長進德碣

君諱就字進德故蜀郡江原長延熹三年五口孟

彥造作

右江原長碣有名字而不知其姓似闕非闕似

碑非碑其文由左而右其下刻一怪獸之首者

虎而有角在今蜀州江原縣

Commentaire.

«Ce qui est à droite, est une épitaphe «d'un seigneur de *Kiang-yuen.* Elle indi-«que son nom personnel (名) son surnom «(字); sans fournir son nom de famille «(姓). Elle ressemble à un *K'iué* (porte-«entrée) et à une stèle *(pei)*, mais diffère «de l'un et de l'autre. La lecture des «caractères se fait de gauche à droite. «En bas est gravée une tête d'animal «monstrueux, sorte de tête de tigre re-«montée d'une corne (1). La pierre existe «à *Kiang-yuen hien* dépendant de *Chou* «*tcheou.*»

Ce genre d'inscriptions, de gauche à droite, date de l'époque des six dynasties, comme l'usage d'ériger des colonnes funéraires. On en connaît au moins une de l'époque des *T'ang.* (Voir photogravure du tombeau de *Wang Fa-che* en regard). En voici une, de 1073 après J.-C. Elle se trouve sur la colline de *Lang-chan* 狼

(1) L'auteur du *Chou-pei-ki pou* 蜀碑記補, k. 2, fol. 5, indique que la susdite pierre se trouve dans le temple de Confucius à *Tchong tcheou* 忠州 au *Se-tch'oan.* Or l'ancienne sous-préfecture de *Kiang-yuen* doit être identifiée avec le *Tch'ong-k'ing tcheou* 崇慶州 actuel, qui est non loin de *Tch'eng-tou* 成都. On ignore à quelle date et pour quelle raison cette pierre de *Kiang-yuen* fut transportée à *Tchong tcheou* 忠州, ville assez distante, sur les bords du *Yang-tse,* qu'il ne faut cependant pas confondre avec le port ouvert de *Tchong-k'ing fou* 重慶府 situé plus en avant du fleuve. Deux autre souvrages, le *Yu-ti-pei mou* 輿地碑目 et le *Fou-tsai pei-mou* 復齋碑目 en font aussi mention sans donner de spéciales indications. Malheureusement nous ne possédons pas le décalque de cette pierre, et ne pouvons en étudier les détails.

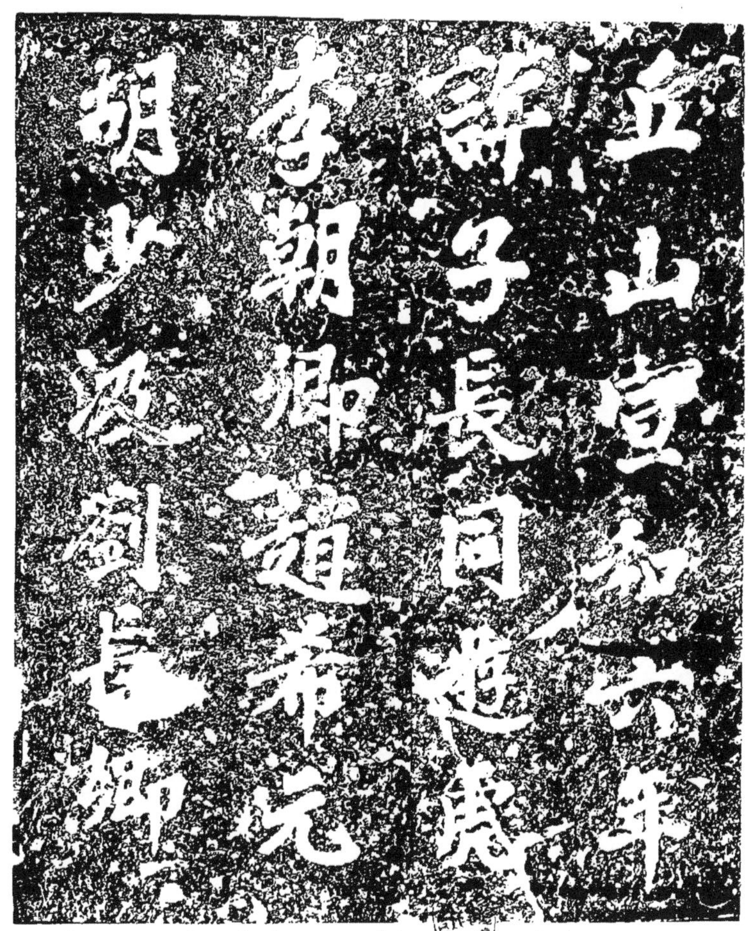

Caractères dont la lecture est de gauche à droite, trouvés sur la colline du Tigre (Sou-tcheou). p. 77.

Caractères dont la lecture est de gauche à droite ; à T'ong-tcheou, sur la montagne Lang chan. (p. 77).

Inscription du tombeau de Wang Fa-che p. 77

hauteur 0m,41; largeur 0m,525.

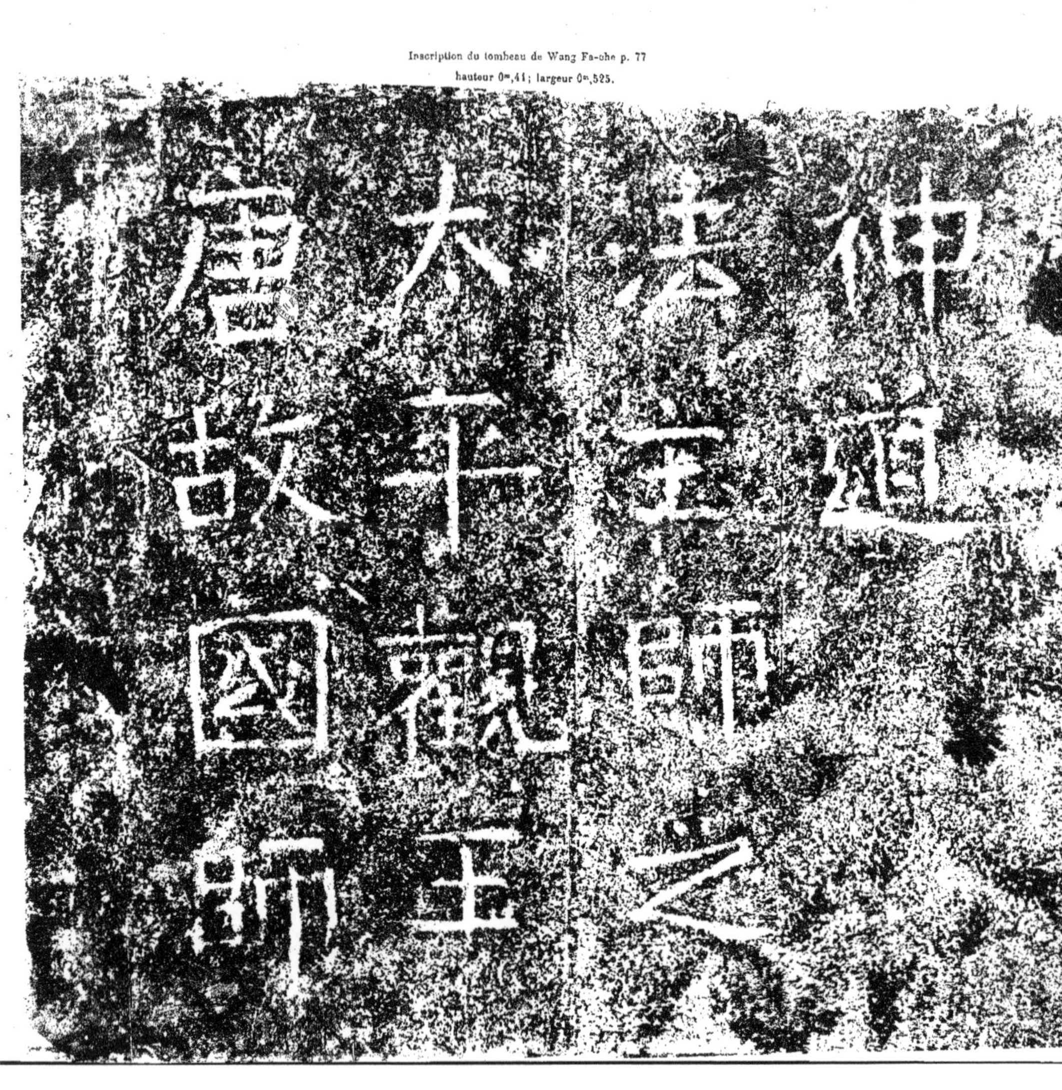

山 que tous les voyageurs remarquent, non loin de l'embouchure du *Kiang*, se dressant seule, sur la rive gauche, au-dessus de la vaste plaine de *T'ong-tcheou* 通州. Nous la reproduisons exactement, pour le nombre des lignes et la disposition des caractères, d'après le décalque qui est à Zi-ka-wei :

«Le 27e jour de la 3e lune, de l'année *Koei-tch'eou* de *Hi-ning* (1073 ap. J.C.) [*Tch'ao Toan-i*] et *Toan Fang* accompagnant leur père «visitèrent cette colline. *Tch'ao Toan-i* surnommé *Mei-chou* traça ces lignes».

熙寧癸丑三月二
十七日與端方侍
親游此嵒晁端意
美叔題

L'autre inscription se trouve sur la célèbre colline du tigre 虎丘山, près de *Sou-tcheou*. La voici aussi d'après le décalque.

«*Hou Chao-ki, Lieou Tch'ang-k'ing, Li Tch'ao-k'ing, Tchao Hi-yuen, Hiu Tse-tchang* «visitèrent ensemble la colline du Tigre, la 6e année de *Siuen-houo* (1124 ap. J.C.)».

胡少汲劉長卿
李朝卿趙希元
許子長同遊虎
丘山宣和六年

Le calligraphe n'avait probablement aucune intention de se singulariser; bien moins encore songeait-il à imiter ses prédécesseurs de l'époque des six Dynasties. Il y avait pour celui qui traçait ces caractères, que le graveur devait ensuite tailler dans la pierre, plus de facilité à laisser sécher son encre en écrivant de gauche à droite. Cette raison lui aura peut-être suffi. — Evidemment il doit exister d'autres inscriptions du même genre (1).

(1) le *K'in-ting Ts'ing-wen kien* 欽定淸文鑑 en 48 volumes.
le *San-ho pien-lan* 三合便覽 en 12 »
le *Ing-han ts'ing-wen kien* 音漢淸文鑑 en 10 »
le *Se-t'i ho-pi wen-kien* 四體合璧文鑑 10 »
le *Ts'ing-wen k'i-mong* 淸文啟蒙 en 4 »
le *Ts'ing-wen hoei-chou* 淸文彙書 en 4 »

Notons, en passant, que dans les livres mandchoux-chinois, le texte chinois va de gauche à droite ; l'intention de faire concorder le texte chinois avec le texte mandchou est évidente.

Notons enfin que nombre de livres de sciences récents, publiés à Chang-hai, se lisent horizontalement et de gauche à droite. Il devient ainsi facile d'inserrer les formules de mathématiques ou de physique.

7) *Les caractères renversés.* Cette écriture si singulière n'a pas eu, nous l'avons vu, le don d'attirer l'attention des lettrés chinois. D'aucuns qui l'ont connue, n'ont voulu voir que la maladresse de graveurs ignorants. C'était ignorer un détail que nous trouvons heureusement consigné dans le texte de *Ki Mong-hiong* 吉夢熊, dont nous avons déjà cité le début.

En examinant l'ouvrage de *Yu Yuen-wei* 庾元威, écrivain de l'époque des *Liang*, sur les 120 formes d'écriture, j'y ai vu noté ceci : «c'est vers le milieu de l'époque *Ta-t'ong* (535-547) que l'académicien «*K'ong King-t'ong* inventa cette manière d'écriture inverse. Ayant «donc vu cette écriture, je la fis connaître. Là-dessus, entre convives «nous en parlâmes ; aucun ne la connaissait ; alors on proclama ce «genre d'écriture clair et amusant entre tous». "Ainsi donc, (continue *Ki Mong-hiong*), nous savons que cette écriture renversée est l'une des 120 formes, nous savons l'époque de son invention. Alors même qu'on l'inventait, personne ne la connaissait ; cent ans plus tard qui donc pouvait s'y reconnaître" ? (1).

Ainsi donc, d'après *Ki Mong-hiong*, cette écriture renversée serait une des 120 formes d'écriture connues sous les *Liang*. Etait-ce pure singularité d'artiste? y avait-il quelque sens allégorique? nous n'osons rien affirmer.

---

(1) 余考梁庾元威一百二十體書,載反正書者,大同中東宮學士孔敬通所創,余見而達之,於是座上訓答諸君,無有識者,遂呼爲衆中淸閒法云云,乃知反書,係百二十體之一,係當時所製,方造書之時,已無有識者,百年後孰從而辨之. Cf. 丹陽縣志 k. 12. fol. 14.

Mais voici qui mérite mention. On trouve aussi des caractères gravés en sens inverse sur quelques briques antiques antérieures à la dynastie des *Liang*. Le *Kin-che souo* 金石索 k. 12 rapporte les inscriptions gravées sur ces briques. L'une porte la date de *Kien-p'ing* 建平 (6-2 av. J.C.), une autre est datée de la 6e année de *Yuen-kia* 元嘉 (429 ap. J.C.), celle-ci de la 4e année de *Yong-houo* 永和 (348 ap. J.C.); celle-là de la 9e année de *Yuen-k'ang* 元康 (299 ap. J.C.). Une autre enfin de la 1ère année de *T'ai-yuen* 太元, 376 ap. J.C. Toutes ces briques portent des inscriptions avec des caractères gravés en sens inverse.

Après la dynastie des *Liang* on trouve encore quelques caractères à formes renversées.

Ainsi dans le *Kin-che souo* 金石索 (vol. 16. fol. 88) on voit l'estampe d'une brique datée de 850 ap. J.C. (大中四年) qui porte aussi des caractères gravés en sens inverse.

Là encore, quelle explication donner? Quelques-uns voudraient peut-être n'y voir qu'une erreur de manœuvres ignorant totalement les caractères, et les retournant, sans même y prendre garde. D'autres se rappelleront l'opinion de *Ki Mong-hiong* et concluront à une excentricité d'artiste. Enfin une troisième opinion se présente, exposée par l'auteur du *Kin-che souo* 金石索, k. 11. fol. 10, qui soutient qu'en gravant ainsi ces caractères à rebours, on voulait en rendre la lecture plus facile aux défunts,

D'après les annales des *Song* (宋史) vers 954-959, commença l'usage des livres classiques imprimés, tirés sur des planches de bois. On diminua ainsi les longues fatigues des copistes. D'après le *Wen-hien t'ong-k'ao* 文獻通考, pendant la dynastie des *T'ang* 唐, il y avait des livres élémentaires tirés sur des planches

(1) Voici ce que dit le Père Pierre *Hoang*, dans son ouvrage *Tsi-chouo ts'ien-tchen t'i yao* 集說詮眞提要 vol. 5, fol. 20. Vers l'époque de l'Empereur *Han Lin-ti* (168-189) *Ts'ai Yong* 蔡邕, rédacteur en chef des livres classiques au palais oriental, restitua définitivement les textes primitifs des livres classiques, qui furent tous confirmés par un ordre impérial. Après cette confirmation, les livres classiques furent gravés sur des pierres placées hors des portes de la grande école impériale. On les appelle du nom de "livres lapidaires" (*Che-king* 石經). A la fin de la dynastie des *Han* tous les livres lapidaires furent brisés ou dispersés à cause des guerres civiles. Les livres lapidaires qu'on voit actuellement, ne datent plus de la dynastie des *Han*, mais ils sont des fac-similés de ces textes primitifs.

de bois, et les papiers à imprimer existaient déjà sous la même dynastie. Donc ce ne fut pas *Fong Tao* 馮道, ministre de *T'ang Ming-tsong* 唐明宗, qui en 932 introduisit le système de l'imprimerie chinoise. Seulement les planches des cinq livres classiques furent faites sous la direction de *Fong Tao*. De plus, d'après le *Che-wou yuen-hoei* 事物原會, à la 13e année de *K'ai-hoang* 開皇 (593), l'Empereur *Soei Wen-ti* 隋文帝 ordonna qu'on fît graver sur des planches de bois tous les livres et les images. Ainsi l'usage des planches de bois à imprimer existait avant les *T'ang*. On peut donc dire que l'imprimerie sur planches commença sous les *Soei* 隋, mise en usage durant les *T'ang* 唐, pratiquée sous les Cinq-Dynasties (*Ou-tai* 五代), et améliorée par les *Song* 宋. On dit que vers (1042-1049) *Pi Cheng* 畢昇, homme de la classe du peuple, forma des caractères mobiles. On faisait alors des caractères sur l'argile, puis on les cuisait. Devenus durs, on disposait les caractères sur une plaque de fer et on les faisait tirer à plusieurs exemplaires. N'est-ce pas le même système d'impression sur les caractères mobiles usités actuellement dans l'imprimerie? Sous la dynastie des *Ming* un individu de *Tch'ang-tcheou* 常州 fit fondre des caractères mobiles en cuivre et en plomb.

§ XII. L'INSCRIPTION EXPLIQUÉE.

Les mots Hoang-ti,

— Le titre posthume, — Le nom de temple.

1°) *Origine de l'expression Hoang-ti* 皇 帝.

A l'origine de l'histoire chinoise on nommait le souverain par son nom : par ex. *Yao*, *Choen* 堯,舜. C'était simplicité de bon aloi et qui, si on l'eût conservée, eût évité à l'histoire bien des tracas occasionnés par l'usage des noms posthumes. L'application du titre de *Hoang ti* 皇 帝 à un monarque Chinois remonte seulement à la 36e année de l'empereur *Ts'in Che-hoang-ti* 秦 始 皇 帝 (211 av. J.C.). Avant lui on n'employait que l'un ou l'autre de ces deux caractères, par ex : *T'ien-hoang*, *Ti-hoang* et *Jen-hoang* 天 皇,地 皇, 人 皇 ou bien *Hoang-ti*, *Ti Kou*, *Ti Yao*, et *Ti Choen* 黃 帝,帝 嚳, 帝 堯,帝 舜. Mais le fondateur des *Ts'ing* 秦 voulant perpétuer le trône impérial dans sa famille, commença à se donner le titre pompeux de *Che Hoang-ti* 始 皇 帝, premier empereur, réunissant toutes les qualités et vertus de ses prédécesseurs. La décision fut prise en conseil des ministres présidé par l'empereur. Mr Chavannes a donné cette curieuse discussion et nous ne pouvons mieux faire que de le citer en insérant quelques mots Chinois (1) : «Vos sujets ont «attentivement délibéré avec les lettrés au vaste savoir et ont dit: «Autrefois il y eut le Souverain céleste 天 皇, le Souverain terrestre «地皇,et le Souverain majestueux 泰皇; le Souverain majestueux 泰皇 «fut le plus élevé. Vos sujets, en se dissimulant qu'ils méritent la «mort, vous proposent une appellation honorifique 尊 號 : que le roi «soit le Souverain majestueux 泰 皇 ; que ses mandements soient

(1) Cf. Chavannes : Mémoires de *Se-ma Ts'ien*, II. p. 125.

«des décrets 制; que ses ordonnances soient des édits 詔; que le «fils du ciel en parlant de lui-même dise *tchen* 朕. Le roi dit: Je «repousse majestueux 泰, j'adopte souverain 皇; j'y ajoute le titre de «la dignité impériale de la haute antiquité; mon titre sera Souve- «rain empereur 皇帝. Quant au reste, que ce soit conforme à votre «délibération. — Un décret prononça l'approbation.» Ajoutons encore ces mots, cités un peu plus bas: «A partir de maintenant, je supprime «le système des noms posthumes 諡; je suis le premier souverain «empereur 始皇帝; les générations qui me suivront (se nomme- «ront) en faisant le calcul des nombres: la deuxième génération, «la troisième génération, et iront jusqu'à mille et dix mille généra- «tions en se transmettant sans fin ce principe» (1).

2°) *Observations générales sur l'Origine et l'Histoire des noms posthumes* (諡) *et des noms de temple* (廟號) (2).

A ce propos nous citons au long une dissertation intéressante de *Tchou K'ong-yang* 朱孔陽 sur les noms posthumes des empereurs (3).

"Etude sur les noms personnels (名) et honorifiques (號) des empereurs et des princes".

Les commentaires des Annales *Lou* (3), dans le chapitre où elles réfutent l'assertion d'après laquelle *Yao*, *Choen*, et *Yu* seraient des noms posthumes (諡), disent que "ce sont des noms propres (名)

(1) Voici au complet le texte chinois dans le *Che-ki* 史記 k. 6. 臣等謹與博士議曰,古有天皇,有地皇,有泰皇,泰皇最貴,臣等昧死上尊號,王爲泰皇,命爲制,令爲詔,天子自稱曰朕,王曰,去泰著皇,采上古帝位號,號曰皇帝,他如議,制曰可, un peu plus bas 自今已來除諡法,朕爲始皇帝,後世以計數,二世,三世,至于萬世,傳之無窮.

(2) Voici les traductions adoptées ici, surtout en vue de la clarté: *ming* 名, nom personnel; *hao* 號, nom honorifique; *che* 諡, nom posthume; *miao hao* 廟號, nom de temple. — Il faut cependant remarquer que *ming* 名 et *hao* 號, même dans les passages cités, doivent parfois s'entendre dans un sens plus général: appellation, désignation.

(3) Cf. son ouvrage connu *Li-tai ling-ts'in pei-k'ao* 歷代陵寢備考 k. 4 fol. 6, cette dissertation est faite toute entière de deux citations ad verbum, l'une courte, des annales Lou, l'autre plus longue du *Je-tche lou*.

imposés par les supérieurs. Quant aux titres cités dans le *Chang-chou* 尚書, par ex. ceux de *Fang-hiun* 放勳 (grandement méritant), de *Tch'ong-hoa* 重華 (splendeur renouvelée) et de *Wen-ming* 文命

帝王名號考

路史發揮、堯舜禹非謚辨、堯舜禹之為名、其受命於尊者、而放勳重華之與文命、則其號、謂之名、人之所以名之者也、史記大戴世本、不為無本、日知錄、堯舜禹皆名也、古未有號、故帝王皆以名紀、臨文不諱也、胡文定修春秋劉子臣闡古者不以名為諱堯典稱有鰥在下曰虞舜則堯舜者固二帝之名而堯典乃虞氏史官所作直載其君之名而不避也攷之尚書、帝曰格汝舜、格汝禹、名其臣也、堯崩之後、舜與其臣言、則曰帝、禹崩之後、五子之歌、則曰皇祖、胤征、則曰先王、無言堯舜禹者、不敢名其君也、自啟至發、皆名也、夏后氏之季、而始有以十干為號者、桀之癸、商之報丁、報乙、報丙、主壬、主癸、皆號以代其名、白虎通曰殷質以生日名子自天乙至辛皆號也、太甲沃丁仲丁河亶甲祖乙盤庚皆以為書篇之名以其號也商之王、著號不著名、而名之見於經者二、天乙之名、履、辛之名、受、是也、武庚亦是號祿父乃名也曰湯、曰紂、則亦號也、孔氏西伯戡黎序傳受紂也音相亂號則臣子所得而稱、故伊尹曰惟尹躬暨湯、頌曰武湯、曰成湯、曰湯孫也、微子之命言乃祖成湯多士言爾先祖湯皆對其臣稱子之曰文祖、曰藝祖、曰神宗、曰皇祖、曰烈祖、曰高祖、曰高后、曰中宗、曰高宗、而廟號起矣、曰元王、曰武王、而謚立矣、曰大舜、曰神禹、曰大禹、曰成湯、曰寧王、而稱號繁矣、自夏以前純乎質、故帝王有名而無號、自商以下寖乎文、故有名有號、而德之盛者、有謚以美之、於是周公因而制謚、自天子達於卿大夫、美惡皆有謚、而十干之號不立、史記齊太公世家太公子丁公丁公子乙公乙公子癸公猶用商人之稱陸湻曰史記世本厲王以前諸侯有謚者少其後乃皆有謚然王季以上、不追謚、猶用商王之禮焉、此文質之中、而臣子之義也、嗚呼此其所以為聖人也與、

(pacificateur), c'étaient des appellations, dont on a fait comme leur nom, par lesquelles on les désignait. Le *Che-ki* 史記, le *Ta-Tai* 大戴 le *Che-pen* 世本, les désignaient ainsi non sans fondement". D'après le *Je-tche-lou* 日知錄 (composé par *Kou Yen-ou* 顧炎武; "*Yao*, *Choen*, *Yu* seraient tous des noms personnels (名). Dans les anciens âges, il n'y avait pas de nom honorifique (號). C'est pourquoi les empereurs et les princes sont désignés par leur nom personnel (名). Les écrivains d'alors ne s'en interdisaient pas l'usage sous prétexte de respect. (Dans un rapport à Sa Majesté sur la révision du *Tch'oen-ts'ieou*, *Hou Wen-ting* 胡文定 (*Ngan-kouo* 安國) dit: Moi votre serviteur, j'ai entendu raconter que dans l'antiquité on n'évitait pas le nom personnel (名) d'un empereur par respect (諱). Dans le *Yao-tien* 堯典, il est dit "qu'il y avait un homme d'une humble condition et non marié, nommé *Yu-choen*". D'après ce texte, il semble possible de conclure que *Yao* et *Choen* ont été vraiment les noms personnels (名) de deux empereurs. Car le *Yao-tien* 堯典 a été composé par des historiens de la dynastie des *Yu* 虞. Or ces historiens écrivent sans périphrase le nom (名) de leur souverain, sans l'éviter jamais sous couleur de respect.

En effet, dans le *Chang-chou*, on dit : "Toi *Choen*, viens; Toi, *Yu*, viens". Ainsi, l'empereur appelait ses ministres. Après la mort de *Yao*, quand l'empereur *Choen* parlait à ses ministres de son prédécesseur, il le désignait sous le nom de *Ti* 帝 (empereur). Après

---

(3) Une des Préfaces explique ainsi le titre : "que s'il a imposé à son livre le nom de route, c'est qu'il avait confiance que ce livre pourrait se tenir dans la grande route de la raison, et toujours montrer le large chemin 其至命名曰路,則先生方自信其可諧大道,永示周行者. (Cf. *Che-king*, *Siao Ya* 小雅 début: 示我周行. Zott. III. p. 124). Une autre Préface dit : "Son livre remonte au chaos, pour s'arrêter aux *Yu* 虞 et aux *Hia* 夏. Il estime que les *Yn* 殷 ayant employé l'exil et les *Tcheou* 周 les expéditions guerrières ne méritent pas d'être racontés. Aussi a-t-il nommé son livre les Annales de la route 路史. La route, c'est la grandeur. La route (la raison 道) de la haute antiquité, c'est une grande route, c'est pourquoi les Annales de la haute antiquité, ce sont les grandes Annales. 其書上自洪荒,下止虞夏,以爲殷周放伐不足紀也,故謂之路史,路者大也,上古之道爲大道,故上古之史爲大史也. (Cf. *Chou-king*, *Chan-chou* 尙書 début : 成湯放桀. Zott. III. p. 372, et tout le commencement du *Tcheou-chou* 周書… 王朝… 伐商 Zott. p. 414).

la mort de *Yu*, lorsqu'on citait, dans la chanson des cinq enfants, le nom de l'empereur défunt, on employait l'expresion *Hoang-tsou* 皇祖 (auguste ancêtre), et dans le chapitre *Yn-tcheng* 胤征, celle de *Sien-wang* 先王 (souverain antérieur) (1). On ne disait pas *Yao*, *Choen*, *Yu*. Ainsi on n'osait nommer ces souverains par leurs noms personnels (名). Depuis *K'i* 啟 second empereur de la dynastie des *Hia* (2197-2188 av. J.-C.), jusqu'à *Fa* 發 (16e empereur de la même dynastie) tous les souverains furent nommés par leurs noms personnels (名). A la fin des *Hia* (vers 1818 av. J.-C.) commença à s'introduire l'usage de désigner (號) les souverains par les dix termes cycliques. *Kié* 桀 fut *Koei* 癸; sous les *Chang*, il y eut *Pao-ting* 報丁 *Pao-i* 報乙 *Pao-ping* 報丙 *Tchou-jen* 主壬 *Tchou-koei* 主癸 (ancêtres de *Tch'eng-t'ang* 成湯), toutes appellations dont on se servait pour remplacer leurs noms. (Le *Pé-hou-t'ong* 白虎通 (k. 3, p. 17) dit que la dynastie *Yn* 殷 eut des manières simples: on donnait au nouveau-né le nom du jour de sa naissance). Depuis *T'ien-i* 天乙 (c.à.d. *Tch'eng-t'ang* 成湯), jusqu'à *Sin* 辛 (c.à.d. *Cheou* 紂), tous les noms des empereurs sont des noms honorifiques (號). Ainsi plusieurs chapitres du *Chang-chou* 尚書 sont nommés (名) d'après les noms honorifiques des souverains; (*T'ai-kia* 太甲, *Wo-ting* 沃丁, *Tchong-ting* 仲丁, *Ho-tan-kia* 河亶甲, *Tsou-i* 祖乙 et *P'an-keng* 盤庚). Pour les souverains de la Dynastie des *Chang* 商 (1783-1122 av. J.-C.) on mentionnait leur nom honorifique (號), non pas leur nom personnel (名). Il n'y en a que deux dont on voit le nom personnel (名) dans les classiques; ce sont *T'ien-i* 天乙, dont le nom personnel (名) était *Liu* 履, et *Sin* 辛 dont le nom personnel (名) était *Cheou* 受. (*Ou-keng* 武庚 était aussi un nom honorifique (號); son nom personnel (名) était *Lou-fou* 祿父) (ce *Ou-keng* 武庚 était le fils de *Cheou* 受).

On disait *T'ang* 湯 et *Cheou* 紂; c'étaient leurs noms honorifiques (號). Dans l'ouvrage de *K'ong* nommé *Si-pé k'an-li siu-tchoan*, on dit que 受 est comme 紂; ayant le même son, ils se prennent l'un pour l'autre. Par ces noms honorifiques (號), les mandarins pouvaient désigner leur souverain. C'est pourquoi *I In* dit: "moi, *In*,

(1) Zottoli III, pp. 266, 368.

avec *T'ang*". Les Odes nomment *Ou-t'ang* 武湯, *Tch'eng-t'ang* 成湯 et *T'ang-suen* 湯孫. (Dans le chapitre *Wei-tse-tche-ming*, 微子之命, il est dit : 乃祖成湯) (dans le chapitre *Touo-che* 多士 il est dit : 爾先祖湯) ; tout cela concorde ; ce sont les mandarins désignant le souverain.

On disait aussi *Wen-tsou* 文祖 (aïeul pacificateur), *I tsou* 藝祖 (aïeul habile et lettré), *Chen tsong* 神宗 (ancêtre divinisé), *Hoang-tsou* 皇祖 (auguste aïeul), *Lié-tsou* 烈祖 (aïeul méritant), *Kao-tsou* 高祖 (aïeul élevé), *Kao-heou* 高后 (haut souverain), *Tchong-tsong* 中宗 (ancêtre intermédiaire), *Kao-tsong* 高宗 (père élevé), ce sont les noms de temple (廟號) qui commençaient à être employés.

On disait encore *Yuen wang* 元王 et *Ou wang* 武王, c'étaient les noms posthumes (謚), qui étaient donnés.

On disait *Ta Choen* 大舜, (grand *Choen*) *Chen Yu* 神禹 (*Yu* divinisé), *Tch'eng T'ang* 成湯 (*T'ang* conquérant et pacificateur), *Ning-wang* 甯王 (prince pacificateur), appellations qui variaient beaucoup.

Avant les *Hia*, on s'appliquait uniquement à la simplicité ; aussi empereurs et princes n'avaient que leur *ming* (名) et pas de *hao* (號). A partir des *Chang*, on commença à avoir des manières plus polies ; aussi eut-on et *ming* 名 et *hao* (號), et ceux qui avaient brillé par leur vertu recevaient encore un nom posthume (謚), par honneur. C'est alors que *Tcheou kong* régla de quelle manière se donneraient ces noms posthumes, du souverain aux ministres d'état, bons et mauvais, tous eurent leur nom posthume (謚). Les anciens noms empruntés au cycle chinois furent tous rejetés. (Dans le *Che-ki*, chap. *Ts'i-t'ai-kong che-kia*, le fils de *T'ai kong* fut *Ting kong* 丁公, son petit-fils *I kong* 乙公, son arrière-petit-fils *Koei tong* 癸公 ; ces appellations étaient d'après la méthode des hommes de la dynastie *Chang*. *Lou Choen* 陸淳 dans le *Che-ki che-pen* 史記世本 dit qu'avant *Tcheou Li wang* 周厲王 (878-828 av. J.-C.) peu de princes feudataires furent honorés d'un titre posthume (謚), mais tous en eurent après lui). Cependant, même pour les *Tcheou*, on n'est pas remonté au delà de *Wang Ki* 王季 (ancêtre de *Tcheou*

Ou wang 周武王) pour donner un nom posthume. On se conformait ainsi aux rites des *Chang;* ainsi simplicité et élégance s'harmonisaient ; et c'était ce qui convenait pour qui n'était pas prince. En vérité, en cela *Tcheou Ou wang* ne s'est-il pas montré saint?

Résumons. L'usage du nom de temple (廟號) est très ancien; on le constate dès le début de la dynastie des *Chang* 商 (1766 av. J.-C.).

La coutume de donner un nom posthume (謚) semble dater surtout des *Tcheou* 周.

Ce n'est que plus tard, semble-t-il, sous les *Han,* que l'on constate, d'une façon habituelle : l'usage simultané du nom de temple et du nom posthume.

Voici en outre quelques détails concernant le nom posthume.

D'après le *Pé-hou t'ong* 白虎通 (k. 1 fol. 14), *Che* 謚 signifie rapport ; ce nom est comme la formule abrégée de la vie du défunt (謚之爲言引也,引列行之跡也).

Le *Che* n'a qu'un caractère, deux au plus (謚或一言,或兩言). A l'époque civilisée l'usage veut que le *Che* 謚 soit d'un seul caractère (文者以一言爲謚). A l'époque quasi patriarcale l'usage de *Che* 謚 en exigeait deux (質者以兩言爲謚). C'est l'opinion du *Pé-hou t'ong;* elle a cours actuellement. Tous les empereurs, ou souverains de petits états reçoivent un nom posthume d'un seul caractère. Mais les autres princes, seigneurs ou grands mandarins jusqu'au 2e degré inclusivement, sont honorés d'un titre posthume de deux caractères. Après la mort de l'empereur les grands mandarins se réunissent sur la terrasse du Sud ; ils tiennent conseil sur le choix du nom posthume à donner au défunt (天子崩,大臣之南郊謚之). Cf. *Pé-hou t'ong* k 1 fol. 16. A la mort d'un prince feudataire, le fils héritier en avertit l'Empereur, fils du ciel. Celui-ci envoie de grands mandarins aux funerailles du prince. Ils lui confèrent un nom posthume. Les grands mandarins qui démissionnent, reçoivent aussi un nom posthume ; car ils gardent jusqu'à la mort dignités et pensions attachées à leur charge.

3°) *Le nom de temple. T'ai tsou* 太祖, *Miao hao* de *Siao Choen-tche.*

Ce nom de temple *T'ai tsou* 太祖 veut dire grand aïeul, ou grand fondateur. Voici la liste des empereurs ou souverains qui reçurent comme nom de temple le titre de *T'ai tsou* 太祖, avant *Siao Choen-tche*.

1° 太祖 *T'ai tsou*, *Han Kao tsou* 漢高祖, Emp. 206-196 av. J.C.
2° ,, ,, ,, ,, *Kao Kong* 高宮, Roi de la Corée, 53-146 ap. J.C.
3° ,, ,, ,, ,, *Che Fou* 後趙石虎, Roi du royaume de *Heou-Tchao*, 334-350.
4° ,, ,, ,, ,, *Mou-yong Hoang* 前燕慕容皝, Roi du royaume de *Ts'ien-Yen*, 333-340.
5° ,, ,, ,, ,, *Yao Tch'ang* 後秦姚萇, Roi du royaume de *Heou-Ts'in*, 384-394.
6° ,, ,, ,, ,, *Wei Tao-ou ti* 後魏道武帝, Emp. des *Wei* postérieurs, 386-394.
7° ,, ,, ,, ,, *Li Kao* 西涼李暠, Roi du royaume des *Liang* Occidentaux, 401-418.
8° ,, ,, ,, ,, *Liu Koang* 後涼呂光 Roi du roy. des *Liang* postérieurs, 386-399.
9° ,, ,, ,, ,, *Fong Pa* 北燕馮跋, Roi du roy. de *Yen* Nord, 409-431.
10° ,, ,, ,, ,, *K'ié-fou Ts'e-p'an* 西秦乞伏熾磐, Roi du roy. des *Ts'in* Occidentaux, 412-428.
11° ,, ,, ,, ,, *Song Wen ti* 宋文帝, Emp., 424-453.
12° ,, ,, ,, ,, *Ou Ta ti* 大吳帝, Emp. 222-258.

Tels sont les noms des douze souverains qui portèrent comme *Miao-hao* 廟號 le titre de *T'ai tsou* 太祖 avant *Siao Choen-tche*

Ce *Miao-hao* fut généralement conféré à tout fondateur de dynastie soit impériale soit royale et même à son successeur immédiat ou médiat s'il contribua spécialement à l'affermissement de la dynastie.

Ce *Miao hao* de *T'ai tsou* 太祖, un prince ordinaire n'en pas est point honoré, il est réservé à un petit nombre de souverains guerriers ou grands conquérants. Or *Siao Choen-tche* n'a été ni grand conquérant, ni guerrier extraordinaire.

---

(1) Aucun de ces noms de temple ne se trouve dans les listes de Mayers (Manual), ni dans ces mêmes listes mises en ordre alphabétique (*T'oung-pao* 1891).

Quatre devraient s'y trouver 漢高祖 (206-196 av. J. C.), 後魏道武帝 (386-394), 宋文帝 (424-458), 吳大帝 (222-254).

C'est faute de précision, ainsi 文帝 est non pas le nom de temple, mais le nom posthume d'un empereur *Song* 宋, dont le nom de temple fut réellement *T'ai tsou* 太祖.

Liang Ou-ti le savait, mais en donnant ce titre de *T'ai tsou* 太祖 à son père, il entendait payer une dette de reconnaissance.

N'était-ce pas en effet *Siao Choen-tche* qui par son habileté avait ouvert le chemin des honneurs à sa famille? Par sa charge de Préfet de la capitale (*Tan-yang in* 丹陽尹) et son titre de marquis de *Lin-siang hien* 臨湘縣侯 etc., il avait illustré et anobli le nom de *Siao* 蕭. Sans cette dignité et noblesse préalables, *Liang Ou-ti* de lui-même simple *Siao Yen* 蕭衍 n'aurait pu parvenir si vite au faîte de la puissance, à la dignité impériale, ni fonder une nouvelle dynastie. Ainsi s'explique le titre de *T'ai-tsou* 太祖 fondateur, donné à *Siao Choen-tche*. Il posa comme les premières assises sur lesquelles *Liang Ou-ti* établit la dynastie des *Liang*.

4°) *Le titre posthume Wen hoang ti* 文皇帝.

Le *Pé-hou t'ong* 白虎通 dit: 慈惠愛民謚曰文 "celui qui est doux, fait du bien, aime le peuple, reçoit comme titre posthume le surnom de *Wen* 文 (charmant, lettré, obligeant)". Le premier honoré de ce titre posthume fut *Tcheou Wen wang* 周文王 (1231-1135 av. J.-C.). Voici la liste des souverains qui le reçurent après lui, jusqu'à l'époque de *Siao Choen-tche*.

1°	*Tcheou*	*Wen wang*	(1231-1135)	周文王
2°	*Ts'i*	*Wen kong*	(815-803)	齊文公
3°	*Tsin*	*Wen heou*	(781-747)	晉文侯
4°	*Tch'en*	*Wen kong*	(754-746)	陳文公
5°	*Ts'in*	*Wen kong*	(765-717)	秦文公
6°	*Hiu*	*Wen kong*	(? -733)	許文公
7°	*Tch'ou*	*Wen wang*	(689-676)	楚文王
8°	*Tcheng*	*Wen kong*	(672-627)	鄭文公
9°	*Wei*	*Wen kong*	(659-636)	衞文公
10°	*Tchou*	*Wen kong*	(665-615)	邾文公
11°	*Tsin*	*Wen kong*	(635-627)	晉文公
12°	*Lou*	*Wen kong*	(626-610)	魯文公
13°	*Ts'ao*	*Wen kong*	(617-597)	曹文公
14°	*Ts'ai*	*Wen heou*	(611-593)	蔡文侯
15°	*Song*	*Wen kong*	(610-588)	宋文公
16°	*T'eng*	*Wen kong*	(599-576)	滕文公
17°	*Yen*	*Wen kong*	(573-548)	燕文公

18° *K'i Wen kong* (549-535) 杞文公
19° *Wei Wen heou* (424-386) 魏文侯
20° *Han Wen heou* (386-376) 韓文侯
21° *Yen Wen kong* (361-332) 燕文公
22° *Tchao Hoei-wen wang* (298-265) 趙惠文王
23° *Ts'in Hiao-wen wang* (250-249) 秦孝文王
24° *Han Wen ti* (179-156) 漢文帝
25° *Tchao Hou Wen wang* (136-124) 南越文王趙胡 roi de l'Annam
26° *Wei Wen ti* (220-227) 魏文帝
27° *Ts'in Wen-wang, Li Lieou* (303-304) 蜀秦文王李流
28° *Tsin Kien-wen ti* (377-373) 晉簡文帝
29° *Nan Yen Tchao-wen ti* (405-410) 南燕昭文帝
30° *Song Wen ti* (424-454) 宋文帝
31° *Wei Wen-tch'eng ti* (452-466) 魏文成帝
32° *Tchang Tsiun, Liang Che-tsou Wen wang* (324-346) 前涼世祖文王張駿

D'après ces documents l'on voit que le nom posthume de *Wen* 文 ne fut conféré qu'à un petit nombre de princes célèbres par leurs mérites.

5°) Deux princes seulement ont porté le même *Miao-hao* 廟號 et le même *Che* 諡 que *Siao Choen-tche*.

Le premier fut *Se-ma Tchao* 司馬昭 (211-265) prince de *Tsin* 晉王, père de l'Empereur *Tsin Ou ti* 晉武帝 (265-290), et le second fut l'Empereur *Song Wen ti* 宋文帝 (424-425). Le titre posthume de *Se-ma Tchao* fut 太祖文皇帝 *T'ai-tsou Wen-hoang ti*. Ainsi que la chose arriva pour *Siao Choen tche*, c'est après l'élévation de son fils au trône impérial, que *Se-ma Tchao* reçut le surnom de *T'ai-tsou Wen hoang ti*. Quant à *Song Wen ti*, ce titre lui fut conféré immédiatement après sa mort, suivant les cérémonies ordinaires. C'est le manque de recherches sur la collation du titre posthume qui induisit en erreur les meilleurs archéologues tels que *Ngeou-yang Sieou* 歐陽修 *P'an Ngan-siao* 潘昂霄 et leur fit prendre le titre 太祖文皇帝 *T'ai tsou Wen hoang ti* de *Siao Choen-tche* pour celui de *Song Wen ti* 宋文帝.

§ XIII. LE CHEMIN DE L'ESPRIT 神道.

1) Origine des mots *Chen tao* 神道.

Ces deux mots *Chen Tao* sont souvent employés pour indiquer les esprits, les divinités ; ce n'est pas le sens ici. Ils peuvent aussi désigner un corps de doctrine, comme dans cette phrase 聖人以神道設教 "les sages se servent de quelque doctrine religieuse pour instruire le peuple". Ce n'est pas non plus le sens de ces mots dans les monuments funéraires. Un passage cité et expliqué dans le *Kin-che lié* 金石例 (1) nous donne le vrai sens, bien connu, "chemin de l'esprit", en ajoutant d'utiles détails historiques : «Au «début, par suite de ce fait qu'on plaçait la pierre au sud-est du «cimetière, les géomanciens dirent que le sud-est était le chemin «suivi par l'esprit, c'est pourquoi on prit ces mots pour nommer la «pierre. Nous voyons que sous les *Han*, quand le prince *Kien* de «*Tchong-chan* mourut, il y eut un ordre impérial de lui faire un «tombeau, et d'ouvrir une route de l'esprit. Un commentaire dit : «devant le tombeau, on ouvre une route, on fixe une colonne de «pierre, pour faire foi ; on l'appelle voie de l'esprit 神道". Donc, «le nom de route de l'esprit existait déjà sous les *Han ;* après les «*Tsin* 晉 et les *Song* 宋 on mit à la place une pierre ornée d'ins-«criptions».

Ainsi donc, d'après ce texte et celui qui précède, au début, c'est-à-dire, dès les *Ts'in* 秦, cette stèle existait, en bois évidemment ; elle était placée au sud-est du cimetière ; pourquoi là, on ne le dit pas. Les guerriers morts sur le champ de bataille, les mandarins intègres, avaient tous cette stèle sur leur tombeau. Peu à peu l'usage s'introduisit de la faire en pierre, ce qui explique le

(1) (k. 1 fol. 2). 其初由立之于葬兆之東南,地理家言,以東南爲神道,故以名碑耳,案後漢中山簡王薨,詔爲之修冢塋,開神道,註云,墓前開道,建石柱以爲標,謂之神道,是則神道之名,在漢已有之也,晉宋之後,始易以碑刻云.

nom de *Pei* 碑, donné d'ailleurs à toutes les stèles. Ce n'est qu'après coup que les géomanciens s'avisèrent de dire que cette stèle, au sud-est, marquait le chemin de l'esprit, et sous les *Tsin* 晉 et les *Song* 宋, empereur et feudataires, tous avaient leur stèle du chemin de l'esprit 神 道 碑 ; elle fut dès lors ornée d'inscriptions.

Ajoutons que dès l'époque des *Han* cette stèle unique se trouvait parfois remplacée par deux colonnes symétriquement placées sur les côtés de l'allée centrale, ayant même nom et même rôle.

2) Quelques stèles des *Han* portant les deux caractères *Chen-tao* 神 道. (Voir la photogravure en regard de cette page).

Au *Se-tch'oan* dans la sous-préfecture *Liang-chan hien* 梁 山 縣 on peut voir deux stèles de cette époque, sur l'antique tombeau d'un mandarin nommé *Chen* 沈. On ne saurait identifier exactement ce mandarin. L'inscription de droite est plus grande que celle de gauche, et en diffère un peu. Voici les deux textes :

La première inscription contient quinze caractères, dont le sens est : "Allée de l'esprit de Monsieur *Chen*, président de la chambre d'hospitalité (actuellement 鴻 臚 寺 正 卿) général pacificateur du Nord, marquis en second de la capitale des *Han*".

En haut de l'inscription on voit un phénix, et en bas une tortue.

La seconde inscription plus petite que la première contient douze caractères, entourés de bordures.

En voici la traduction : "Avenue de l'esprit de Monsieur *Chen*, sous-préfet de *Sin-fong*, général de la Cochinchine sous la dynastie des *Han*".

漢	*Han*	漢	*Han*
新	*sin-*	謁	*i*
豐	*fong*	者	*tsai*
令	*ling*	北	*pé-*
交	*kiao-*	屯	*toen*
趾	*tche*	司	*se-*
都	*tou-*	馬	*ma*
尉	*wei*	左	*tsouo*
沈	*Chen-*	都	*tou*
君	*kiun*	侯	*heou*
神	*Chen*	沈	*Chen*
道	*tao*	府	*fou-*
		君	*kiun*
		神	*Chen-*
		道	*tao*

Bien qu'elles diffèrent un peu, ces deux inscriptions dénoncent un même calligraphe : dans les deux, même élégance de pinceau. Un long trait artistique embellit les caractères 者, 屯, 左, 沈, 君, 道, 豐, 令, 交, 都, 沈, 君, 道.

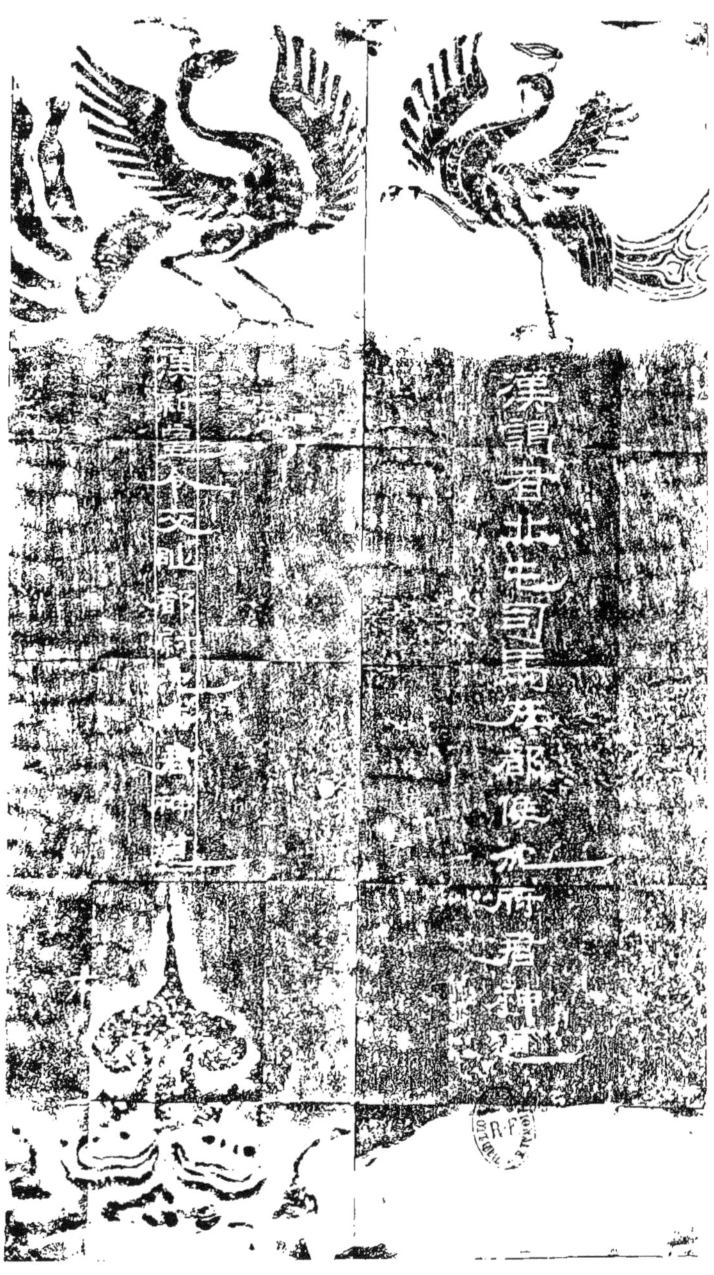

Stèle de Mr Cheng à Liang chan hien (Se-tch'oan). p. 92.

Dans la sous-préfecture de *K'iu hien* 渠縣 au *Se-tch'oan*, se trouve un autre tombeau de *Fong Fan* 馮煥 datant de la dynastie des *Han*. On y lit aussi l'expression : *Chen-tao* 神道.

"Avenue de l'esprit de Monsieur *Fong* ancien *Chang-chou* (président d'un ministère), sous-président d'un ministère, sous-préfet de la capitale du *Ho-nan*, gouverneur de *Yu-tcheou* et de *Yeou-tcheou*.

Les dix-neuf caractères divisés en deux colonnes, sont écrits presque de la même façon que les précédents (1).

豫 *Yu-*	故 *Kou*
州 *tcheou*	尙 *chang*
幽 *Yeou-*	書 *chou*
州 *tcheou*	侍 *che*
刺 *ts'e-*	郎 *lang*
史 *che*	河 *Ho-*
馮 *Fong-*	南 *nan*
君 *kiun*	京 *kin-*
神 *Chen-*	令 *ling*
道 *tao*	

Ces trois stèles qui datent de l'époque des *Han*, peuvent se voir au *Se-tch'oan*. Un oiseau est gravé en haut de chacune d'elles : en bas gît un animal ; ce n'est, contrairement à l'ordinaire, ni une tortue, ni un tigre, ni un crapaud à trois pattes. Les ouvrages archéologiques, tels que le *Yu-ti-pei ki-mou* 輿地碑記目, le *Li-che* 隷釋, le *Tchong-ting tse-yuen* 鐘鼎字原, le *Chou-pei ki-pou* 蜀碑記補, le *Chou-kou* 蜀故 et autres ne peuvent parvenir à l'identifier.

3) *Les caractères Mou-tao* 墓道.

Une autre expression *Mou-tao* 墓道, analogue à celle de *Chen-tao* 神道, existe actuellement, et existait déjà sous la dynastie des *Han*. Ainsi dans le *Chou-pei ki* 蜀碑記 (k. 7 fol. 2)

(1) Dans le *Chou-pei-ki pou* 蜀碑記補 (k. 10 fol. 1, 3, 5), on trouve signalés trois autres tombeaux ornés de colonnes-enseignes, remontant à la dynastie des *Han*, avec l'expression de *Chen-tao*. Ce sont 1°) celui de *Mien tcheou* 綿州 (*Se-tch'oan*), 漢平陽府君叔神道 *Han P'ing-yang fou kiun chou Chen-tao ;* en tout huit caractères. 2°) celui de *Lin-k'an tchen* 靈龕鎮 dans la sous-préfecture de *Té-yang* 德陽 *Se-tch'oan ;* on lit 故上庸長司馬君孟臺神道 *Kou Chang-yong tchang, Se-ma kiun Mong-t'ai chen-tao.* 3°) Celui de 漢楊侍中文父之神道 *Han Yang che-tchong Wen-fou tche chen-tao.*

il est dit qu'à *Kia-kiang hien* 夾江縣 au *Se-tch'oan* existent deux pierres sépulcrales qui portent l'expression *Mou-tao* 墓道. Ce sont celles de deux anciens mandarins nommés *Yang*. Une des deux inscriptions est ainsi conçue : 漢故益州太守楊府君諱德字仲口墓道 *Han Kou-i-tcheou t'ai-cheou, Yang-fou-kiun, hoei Té, tse tchong-? mou-tao.* Tombeau d'un homme de la famille *Yang*, nommé *Té*, surnommé *Tchong* (un caractère illisible) ancien préfet de *I-tcheou* (*Se-tch'oan*). L'autre est la suivante : 漢故中書令楊府君諱暢字仲普墓道 *Han kou Tchong-chou ling, Yang fou-kiun, hoei Tch'ang, tse Tchong-p'ou, mou-tao.* Tombeau d'un homme de la famille *Yang* nommé *Tch'ang*, et surnommé *Tchong-p'ou*, ancien secrétaire de la cour intérieure.

4) Expression *K'iué* 闕 (1).

Il existe une autre expression : *K'iué* 闕, employée pour signifier les deux colonnes parallèles, qui se trouvent à l'entrée d'un tombeau. Ainsi on lit dans le *Chou-pei-ki pou* 蜀碑記補 (k. 1. fol. 19) qu'à *Sin-tou hien* 新都縣, *Se-tch'oan*, existe l'inscription suivante : 漢故先零侍御史河內縣令王君稚子闕 *Han kou Sien-ling, Che-yu-che, Ho-nei hien ling Wang-kiun se-tse k'iué.* Entrée du tombeau de monsieur *Wang*, nommé *Se-tse*, ancien censeur, de *Sien-lin* et sous-préfet de *Ho-nei*.

Puis celle-ci 漢故兗州刺史雒陽令王君稚子之闕, *Han kou Yen-tcheou ts'e-che Lo-yang-ling, Wang-kiun se-tse tche k'iué.* Entrée du tombeau de Monsieur *Wang*, nommé *Se-tse*, ancien gouverneur de *Yen-tcheou*, sous-préfet de *Lo-yang*. Le tombeau de ce *Wang*, qui vécut sous les *Han*, est encore conservé dans le *Sin-tou hien* 新都縣 au *Se-tch'oan*. On y voit dessinés, chevaux, voitures, maisons, figures humaines. Sur chacun des quatre côtés de la stèle sont gravés quelques caractères (2).

---

(1) Le caractère 闕 *K'iué* est : porte d'entrée d'un palais. C'est par dérivation qu'il signifie : deux colonnes placées à l'entrée d'un tombeau.

(2) Cf. 蜀碑記補 k. 1. fol. 19.

Voici la reproduction d'un monument en granit retrouvé à *Tse-tong hien* 梓橦縣; la partie supérieure est surchargée de quatre blocs de pierre (1).

De plus à *Yun-yang hien* 雲陽縣 au *Se-tch'oan* on lit encore l'inscription où se rencontre le même caractère *K'iué* 闕. La voici : 鉅鹿太守金君闕 *Kiu-lou T'ai-cheou Kin kiun k'iué*. Entrée du tombeau de Monsieur *Kin*, préfet de *Kiu-lou*.

Monument de Yun-yang hien.

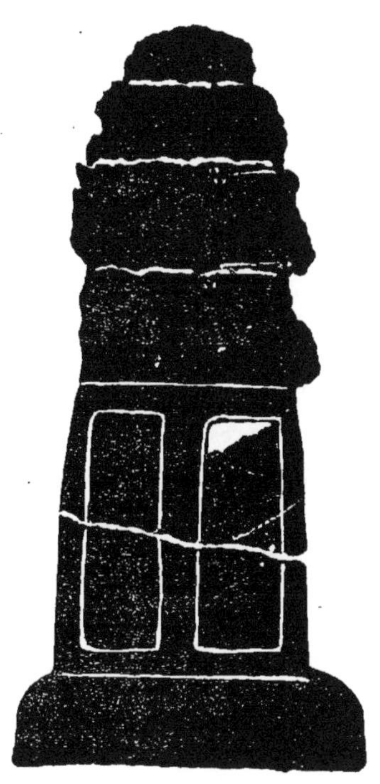

Monument de Tse-t'ong hien.

5) Expression simple *Mou* 墓, (tombeau).

Cependant même sous la dynastie des *Han*, on employait la simple expression *Mou* 墓 tombeau, telle qu'elle est usitée actuellement pour tout le monde. Citons un exemple à l'appui de notre dire : au *Se-tch'oan* à deux lis au Nord de *Tse-t'ong hien* 梓橦縣

(1) Cf. 金石圖說 k. 2. fol. 69.

se trouve le tombeau de *Tchao Yong* 趙雍, ministre sous les *Han-Postérieurs*. Or sur ce tombeau on lit cette inscription. 漢趙相國雍府君之墓 *Han Tchao Siang-kouo Yong fou-kiun tche mou,* tombeau de monsieur *Tchao,* nommé *Yong,* ministre d'état.

6) *Formule la plus simple de toutes.*

Une autre expression plus simple encore nous semble intéressante, c'est celle qui ne donne que les titres et le nom du défunt. On n'y trouve aucune expression *Chen-tao* 神道, *Mou-tao* 墓道, *K'iué* 闕 ni même *Mou* 墓. Deux tombeaux situés à *Ya-tcheou fou* 雅州府, *(Se-tch'oan)* de *Kao yen* 高頤 et de *Kao Tche* 高直 nous en présentent un modèle. L'inscription gravée sur une des colonnes du premier tombeau est ainsi conçue : 漢故益州太守武陰令上計吏舉孝廉諸部從事高頤字貫方 *Kao yen,* surnommé *Koei-fang,* ancien préfet de *I-tcheou,* sous-préfet de *Ou-ing,* secretaire de *Chang-ki,* licencier, officier de divers tribunaux sous la dynastie des *Han.* L'inscription gravée sur l'autre colonne porte les caractères suivants : 漢故益州太守陰平都尉武陽令北府丞舉孝廉高君實字貫口. Le dernier caractère est indéchiffrable, probablement *fang* 方. Monsieur *Kao,* surnommé *Koei ?,* sous la dynastie des *Han,* ancien préfet de *I-tcheou,* général de *Ing-p'ing,* sous-préfet de *Ou-yang,* Vice-préfet de la cour du Nord, licencier.

Le tombeau de *Kao Tche* 高直 n'a que neuf caractères: 漢故高君諱直字文玉. Monsieur *Kao* nommé *Tche* surnommé *Wen-yu* sous la dynastie des *Han.*

§ XIV. *STÈLES. EXISTENCE. TROU ROND. ORNEMENT.*

Stèles. D'après le *Chouo-wen* 說 文 le caractère *pei* 碑 veut dire une pierre dressée (豎 石 也). Le chapitre *Tsi i* 祭 義 (détails sur les sacrifices) du *Li ki* 禮 記 donne le texte suivant : 君 牽 牲, 旣 入 廟 門,麗 於 碑, dès que le prince a passé la porte du temple avec l'animal qu'il tient au moyen d'une corde, il le fait attacher à un 碑 *pei*, (piquet ou pierre dressé) (1).

Existence de deux stèles de Siao Choen-tche. Nous n'avons pour affirmer cette existence que le vestige des deux tortues porte-stèles, malgré le silence parfait de tous les documents Chinois. Il est bon de noter que d'après "la notice sur le règlement des sépultures" au passage sur les cérémonies des *Soei* 隋 書 禮 儀 志, en l'an 507 ap. J.C. défense fut faite de construire des tombeaux avec décoration de statues d'animaux ou d'hommes en pierre, ou avec des *pei* (stèles). Il était seulement permis d'ériger des colonnes indiquant le nom et la dignité du personnage défunt. (2) Cependant il paraît que cette défense n'a pas été de longue durée, ou bien il y avait exception pour les Empereurs, ou princes de la famille impériale. Car nous avons eu l'occasion de constater la présence de stèles sur les tombeaux de *Siao Hong* 蕭 宏, (3) (2 stèles, l'une debout, l'autre par terre), de *Siao Sieou* 蕭 秀 (4) (4 stèles, trois debout, une disparue) de *Siao Tan* 蕭 憺 (5) (une seule debout). Les trois princes *Siao* dont il est ici question étaient fils de *Siao Choen-tche*, et frères de *Liang Ou ti* : ils sont morts après la date de 507, et ont cependant été honorés de stèles. Il faut donc conclure, étant connu la piété filiale si délicate de *Liang Ou ti*, qu'il n'aura point refusé pareil honneur à son père et à sa mère sur le tombeau *Kien ling*.

---

(1) Cf. 禮 記 祭 義 et ses commentaires 疏.

(2) Cf. 宋 元 舊 本 經 書 經 眼 錄 supplément k. 2. fol. 7 隋 書 禮 儀 志, 天 監 六 年 明 葬 志,凡 墓 不 得 造 石 人 獸 碑,唯 聽 作 石 柱,記 名 位 而 已.

(3) Voir photogravure du tombeau de *Siao Hong*.

(4) Voir photogravure du tombeau de *Siao Sieou*.

(5) Voir photogravure du tombeau de *Siao Tan*.

Liang Ou ti était un lettré et un poète de premier ordre : il aurait pu composer lui-même le texte de ces inscriptions. Toutefois il faut reconnaître qu'aucun ouvrage Chinois n'en a encore fait mention. Les deux stèles ont, de plus, à notre avis, disparu de très bonne heure, sans doute avant l'époque de *Lou Yeou* 陸游 (1), archéologue des *Song* ; sinon, cet érudit les aurait mentionnées dans son voyage au *Se-tch'oan* (入蜀記). Mais on ne peut fixer avec plus de précision la date de leur disparition.

On est porté à croire que ces stèles étaient de la classe des *Chen-tao pei* 神道碑, et non pas toute espèce de pierre tombale, comme le *Mou ming* 墓銘 ou *Mou-tche ming* 墓誌銘 (2). le *Kié* 碣 (3), le *Mou ts'ien* 墓阡 (4), le *Che tche* 石誌 (5), le *Lin piao* 靈表 (6), le *Mou piao* 墓表 (7), le *Mou tche* 墓誌 (8), le *Chen mou* 神墓 (9), ni le *Mou kan* 墓蓋 ou le *Mou-tche kan* 墓誌蓋 (10).

Trou rond de la stèle. Toutes les anciennes stèles tombales, à partir de la dynastie des *Han* (206 ap. J.C.) jusqu'à celle des *T'ang* (618 ap. J.C.) exclusivement, pour la plupart portèrent un trou rond. Ce trou rond était percé en haut, au milieu, ou sur le côté. Ainsi nombre de stèles reproduites par le *Kin-che t'ou-chouo* 金石圖說 datant des *Han* 漢 portent un trou rond (11). Les *Wei* 魏 (220-265) fournissent aussi quelques stèles trouées (12). Sous les *T'ang* 唐 (618-907) le trou rond trouvé sur une stèle est rare.

Nous possédons dans notre bibliothèque une estampe du tombeau d'un bonze nommé *King-tchao fa-che* 景昭法師碑, datée de 787, récemment découverte à *Kiu-yong* 句容 (13).

---

(1) Voir page 46. (2) notice en pierre, cachée dans le caveau même. (3) notice en pierre carrée.

(4) borne indiquant la place d'un tombeau. (5) Petite notice en pierre. (6) Enseigne de l'âme d'une défunte. (7) Indication d'un tombeau. (8) Indication d'un tombeau. (9) Tombeau d'une âme, expression très rare indiquée par *Toan fang* dans son ouvrage *T'ao-tsai Ts'ang-che ki* 匋齋藏石記 k. 5 fol. 6. Cependant cette inscription est en brique non pas en pierre.

(10) Couvercle d'un tombeau accompagné d'une inscription.

(11) Cf. 金石圖說 k. 1. 北海相景君碑, k. 2 郎中鄭固碑,孔宙碑,衛尉卿衡方碑,孔謙碣,孔褒碑,陳德碑,聞喜韓仁銘,博陵太守孔彪碑,司隸校尉魯竣碑,校官碑,尹宙碑,蒼頡廟碑,執金吾丞武榮碑,尉氏令鄭季宣碑,竹葉碑.

(12) Cf. 金石圖說 k. 3 魏受禪碑,魯孔子廟碑 et 魏上尊號碑.

(13) Cf. 續句容縣志 k. 17 上 fol. 6.

Colonne cannelée sur le tombeau de Siao Tsi à Che-che-kan près de Kiu-yong. Lionceau, couronnement, inscription et cannelures. p. 98.

Stèle du tombeau de Siao Tan, 25 ly N. E. de Nankin, près de la gare de Yao-hoa men. p. 99.

Colonne cannelée du tombeau de Siao Ing à Choen-hoa tcheu, 25 ly S.E. de Nankin. p. 99.

Tombeau de Siao Sieou à Kan-yu hiang, 25 ly N. E. de Nankin, près de la gare Yao-hoa men. p. 99.

Tombeau de Siao Hong. p. 99.

Tombeau de Siao Tsi à Che-che kan, près de Kiu-yong. p. 99.

Stèle de Ko Yuen 葛元 à Kiu-yong p. 99

Hauteur 1m,10; largeur 0m,605.

Signification du trou rond. D'après le commentaire d'un passage du *T'an-kong* 檀弓, *Tcheng Yuen* dit : 穿中爲鹿盧 "on perce un trou au milieu de la stèle pour y attacher une poulie ; et 下棺以繂繞" la stèle sert au moment de la descente du cercueil dans le caveau : on y amarre les cordes qui soutiennent la bière. On voit ainsi quelle était, anciennement, la raison d'être de ce trou ; plus tard l'utilisation de la stèle, disparaissant peu à peu, on a gardé, pour mémoire, avec le nom de *pei* 碑, qui demeurait toujours, le trou qui n'avait plus aucune utilité actuelle (1). Quelques-uns ont soutenu que le trou de la stèle indiquait son usage antique comme gnomon, pour fixer l'heure du sacrifice : cela expliquerait peut-être sa présence dans les temples et aussi dans les lieux de sépulture, à condition que l'orientation en eût toujours été acceptable.

Ornement de la stèle. Les deux stèles du tombeau de *Siao Choen-tche* étaient probablement richement ornées de deux dragons, de fleurs de nénuphar, ou d'autres sculptures de dessins très variés. La stèle du tombeau de *Siao Hong* nous fournit un modèle satisfaisant pour confirmer cela. Les stèles du tombeau de *Siao Sieou* et de *Siao Tan* sont aussi décorées de dessins. Nous en parlerons plus tard dans la 2e ou 3e partie de nos études.

Forme de la stèle. Plus la stèle est ancienne, plus le sommet en est pointu. Les stèles de *Hiao-koan pei* de *Li-choei* 溧水校官碑 (2) datant 181 ap. J.C. et de *Ko Yuen* à *Kiu-yong* 句容葛府君碑 (voir la photogravure de l'inscription de *Kiu-yong*) nous montrent d'assez bons modèles d'anciennes stèles. Les stèles de *Siao Hong*, de *Siao Sieou* et de *Siao Tan* gardent le haut de la stèle moins pointu, un peu arrondi.

Au contraire celles des *Ts'ing* 淸 sont moins arrondies et tendent vers la forme prismatique. Les deux stèles de *Siao Choen-tche* se seraient évidemment, vu leur époque, davantage rapprochées de celles de *Siao Hong*, de *Siao Sieou*, et de *Siao Tan*.

---

(1) Cf. 潘昂霄金石例 k. 1 fol. 1.

(2) Cf. Var. Sin. N° 23 illustration XXI après la page 216.

§ XV. *CONCLUSION.*

Les tombeaux des *Liang* de *Nankin* et de *Tan-yang* ont un titre spécial à piquer la curiosité des sinologues étrangers et des Chinois eux-mêmes. On pourrait dire de plus, avec raison, qu'ils sont au nombre des monuments les plus rares et les moins connus de la Chine.

En publiant ces quelques pages et les illustrations qui les accompagnent, nous avons l'espoir d'ouvrir un champ très vaste aux sinologues et aux amateurs d'archéologie Chinoise. Nous essaierons, nous-mêmes, si nous en avons le loisir, d'étudier prochainement, surtout au point de vue historique, ce qui nous reste des tombeaux de *Siao Hong*, de *Siao Sieou*, de *Siao Tan*, de *Siao King*, de *Siao Ing* et de *Siao Tsi*.

A. M. D. G.

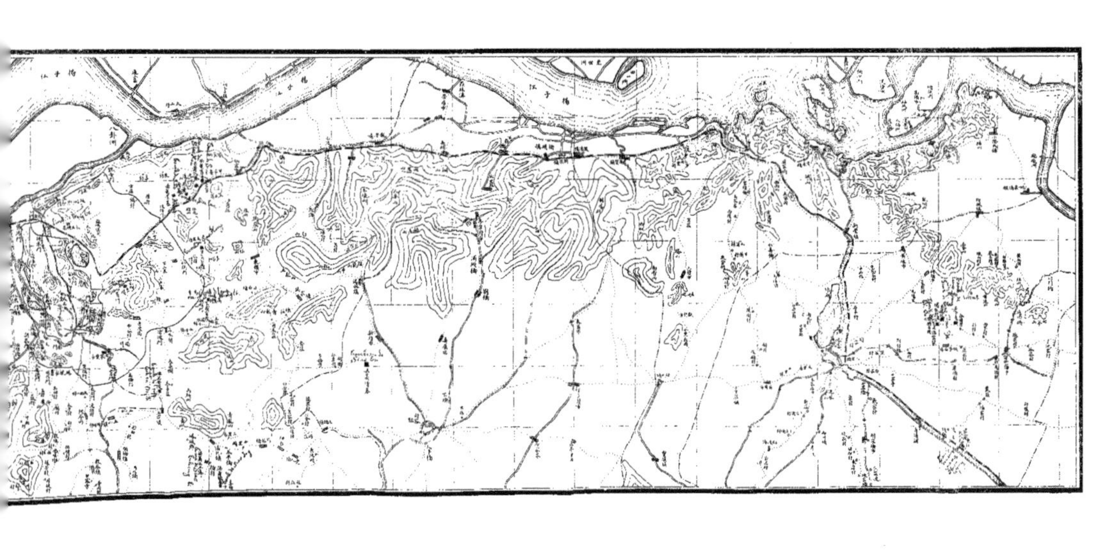

INDEX.

H.

I.

J.

K.

K.

L.

L.

M.

N.

S.

S.

———

www.ingramcontent.com/pod-product-compliance
Ingram Content Group UK Ltd.
Pitfield, Milton Keynes, MK11 3LW, UK
UKHW012216240726
13966UKWH00003B/803